TERAPIA FINANCEIRA

Reinaldo Domingos

TERAPIA FINANCEIRA

Edição comemorativa

Autor: PhD Reinaldo Domingos
Coordenadora editorial: Renata de Sá
Projeto gráfico e capa: Agência Imaginera
Foto da capa: Omar Paixão
Editora de arte: Marisa Corazza
Editoras de texto: Fabiana Oliveira e Sabrina Levensteinas
Revisoras: Gabriela Andrade e Viviane Zeppelini
Colaboração Editorial: Cíntia Senna

Rua Alba, 88 - Vl. Pq. Jabaquara - São Paulo - SP - Brasil
CEP: 04346-000
Tel.: 11 3177-7800

Dados Internacionais de Catalogação na Publicação (CIP)
(Câmara Brasileira do Livro, SP, Brasil)

Domingos, Reinaldo
Terapia financeira : realize seus sonhos com educação financeira / Reinaldo Domingos. -- 2. ed. -- São Paulo : Editora DSOP, 2022.

ISBN 978 -65-87565-83-5

1. Dinheiro 2. Educação financeira 3. Finanças pessoais - Decisões 4. Finanças pessoais - Planejamento 5. Metodologia DSOP I. Título.

21-96010 CDD -332.02401

Índices para catálogo sistemático:
1. Independência financeira : Educação financeira : Economia 332.02401
Cibele Maria Dias - Bibliotecária - CRB-8/9427

Este livro é dedicado a você, leitor, para que, após a leitura, esteja pronto a dar passos muito mais seguros rumo à sustentabilidade financeira. Baseado em fatos reais da minha vida, ele tem a intenção de compartilhar com você a **Metodologia DSOP,** um jeito simples e eficaz de lidar com o dinheiro, que me levou a conquistar a independência financeira aos 37 anos de idade. Milhões de pessoas já encontraram o caminho da prosperidade espelhando-se nessa experiência.

Agora é a sua vez!
Acredite. Você também pode!

PhD Reinaldo Domingos

Terapia Financeira foi publicado pela primeira vez, em 2007, pela editora Elevação e, em 2008, pela editora Gente. Desde 2011, o *long-seller* é editado e publicado pela Editora DSOP.

Sumário

Prefácio

A primeira vez que Reinaldo Domingos me convidou a prefaciar esta obra, lá em 2007, fiquei extremamente honrado com tal generosidade. Um prefácio nada mais é do que uma apresentação da obra ao leitor, mostrando os marcos mais significativos e também aguçando a vontade de avançar as páginas para absorver aquilo que a obra tem a oferecer. A mim coube a responsabilidade de introduzir aos leitores um assunto pouco discutido e, até mesmo, conhecido do grande público: a Educação Financeira.

De lá para cá, Reinaldo, agora PhD no assunto, evoluiu tanto – em conhecimentos e descobertas – que o livro mais importante de sua carreira também precisou evoluir. Como um bom espectador dessa trajetória, naquela época eu já sabia a importância dele na vida das pessoas. Porém, como "Deus escreve certo por linhas tortas", por inúmeros fatores que tornam o nosso país tão singular, os brasileiros estão aprendendo a duras penas a importância da Educação Financeira para uma vida mais saudável e sustentável financeiramente.

Esta obra, no entanto, pode ser compreendida como uma lanterna, capaz de jogar luz onde antes havia apenas sombra das dívidas e de uma vida desequilibrada. Ao reler a nova edição do *long-seller Terapia Financeira*, percebi que a trajetória profissional de Reinaldo está entrelaçada à de sua maior criação: a DSOP Educação Financeira.

Não bastava para ele ser apenas escritor. Reinaldo queria impactar a vida das pessoas de maneira ímpar. Desde então, enquanto buscava o aperfeiçoamento acadêmico (Reinaldo concluiu mestrado, doutorado e pós-doutorado na Florida Christian University (FCU), nos Estados Unidos), trabalhava arduamente para alcançar o maior número de pessoas com a Educação Financeira. Entre seus grandes feitos está a criação da Associação Brasileira de Profissionais de Educação Financeira (ABEFIN), instituição em busca da regulamentação da atividade profissional da educação financeira.

Também não bastava pensar apenas no cidadão adulto. Reinaldo queria começar pela base, oferecendo uma série de programas de Educação Financeira que abarcassem desde o Ensino Infantil até o Doutorado. Sucessos absolutos, os programas da DSOP já impactaram mais de 10 milhões de pessoas e suas famílias.

Longe do lugar comum, os projetos chancelados pela marca DSOP vão além da nossa língua materna. Há uma gama deles que trabalha o bilinguismo, com obras voltadas para o ensino da Educação Financeira em inglês. Mais recentemente, as obras da DSOP e, em consequência, de Reinaldo Domingos também estão presentes gratuitamente nas escolas públicas via PNLD.

Toda essa trajetória começou com um primeiro livro, este em suas mãos. *Terapia Financeira* é a base em que foram criados os pilares de uma metodologia comportamental revolucionária, a **Metodologia DSOP**.

E como os sonhos desse menino chamado Reinaldo, que veio lá de Casa Branca, no interior de São Paulo, são enormes, seus planos miram transformar não apenas a vida dos brasileiros, mas das pessoas do mundo inteiro. *Terapia Financeira* já teve seus direitos vendidos para México, Argentina, Guatemala e Angola. Uma de suas versões para o público infantil, a série *O Menino e o Dinheiro*, foi comercializada na China. Arrisco dizer que, em breve, os programas didáticos de Educação Financeira com a Metodologia DSOP serão utilizados por crianças do mundo inteiro.

PROF. DR. JOSÉ CARLOS MARION
Foi professor do Departamento de Contabilidade e Atuária da Faculdade de Economia e Administração e Contabilidade da Universidade de São Paulo (FEA-USP). Atualmente é professor do Mestrado em Ciências Contábeis, Controladoria e Finanças da Pontifícia Universidade Católica de São Paulo (PUC-SP).

Olá!

Desde cedo, começamos a lidar com uma série de situações ligadas ao dinheiro. Para tirar melhor proveito dele, é muito importante saber como utilizá-lo da forma mais favorável a você. O aprendizado e a aplicação de conhecimentos práticos de Educação Financeira contribuirão para melhorar a administração das suas finanças, tornando a vida mais tranquila e equilibrada sob o ponto de vista financeiro.

Este ensinamento capacitará você para o empoderamento financeiro, para a aposentadoria e para fazer bom uso do sistema financeiro, facilitando o caminho para a realização de sonhos.

Afinal, o ser humano é movido pelos sonhos. São eles que trazem esperança e motivação para todos. São os sonhos que norteiam os desejos e anseios pelo futuro. É por meio dos sonhos que se visualiza aonde se quer chegar.

É bem verdade que nem todos os sonhos envolvem necessariamente a utilização de recursos financeiros. Você pode sonhar com um mundo mais humano, almejar estreitar o seu relacionamento com sua família, sonhar em retomar uma velha amizade que se desgastou com o tempo. No entanto, para todos os outros sonhos, é preciso dispor de recursos financeiros para sua realização.

Mas você já parou para pensar no que realmente você tem feito para torná-los realidade? A Educação Financeira contribui para a construção de uma vida saudável e sustentável financeiramente.

Agora é com você! Acredite na beleza dos seus sonhos e bons estudos!

PhD Reinaldo Domingos

A origem do educador e TERAPEUTA FINANCEIRO

Se você já me conhece, provavelmente sabe da minha intenção ao escrever este livro e confia no que vou dizer nas próximas páginas. Sabe também que minhas ideias em relação ao dinheiro fazem parte de algo concreto que aprendi e aplico – com excelentes resultados – em minha vida financeira.

Se não me conhece, vai querer saber um pouco mais a meu respeito. Por isso, acho importante resumir para você a minha trajetória. Nasci e cresci em uma família humilde. Sou de Casa Branca, cidade do interior de São Paulo, hoje com aproximadamente 30 mil habitantes. Meu pai era ferroviário e trabalhava na

Companhia Mogiana de Estradas de Ferro, que depois passaria a se chamar Fepasa. Minha mãe cuidava da casa e dos filhos e ajudava a complementar a renda familiar vendendo produtos de beleza e bijuterias. Tínhamos uma vida simples, sem luxo ou extravagâncias, e com poucas possibilidades de realizar um dos meus primeiros sonhos: comprar uma bicicleta.

Desde cedo, me dei conta de que tudo o que eu quisesse conquistar na vida dependeria de mim, do meu esforço. Com essa determinação precoce em mente, aos 12 anos, arranjei meu primeiro trabalho, como auxiliar de camelô, na praça central da minha cidade. Como estudava na parte da manhã, busquei o que fazer para ganhar dinheiro, a fim de realizar meu sonho, e comecei a trabalhar das 15 às 18 horas, de segunda a sexta-feira, e aos domingos, das 4 horas da manhã até o início da tarde, em uma cidade próxima à minha, chamada Tambaú, visitada por romeiros devotos do milagreiro Padre Donizete.

Intuitivamente, percebi que precisaria guardar uma parte do dinheiro que ganhasse, se quisesse realizar meus sonhos, principalmente aqueles que eram mais difíceis de alcançar com os poucos recursos que eu tinha. Com essa disposição em mente, fui saber quanto meu sonho custava. Entrei na loja e perguntei quanto era a bicicleta que estava na vitrine. Descobri que meu sonho de moleque custava o equivalente a 100 reais hoje.

A partir daí, dos 15 reais mensais que eu recebia, guardava 10 e gastava os outros 5 em guloseimas. Repeti esse processo durante dez meses e, quando consegui os 100 reais da bicicleta, fui imediatamente à loja.

Quando vi meu sonho realizado, experimentando a sensação inesquecível de finalmente poder ter minha bicicleta, passei a acreditar, com toda a força, que eu seria capaz de conquistar tudo o que desejasse na vida, se renovasse a cada dia minha capacidade de sonhar, mas sempre respeitando o tempo que as coisas levam para acontecer.

O tempo passou, mudei de emprego e, mesmo quando estive no exército, durante a prestação do serviço militar obrigatório, continuei guardando minhas economias. O período em que estive lá serviu para me ensinar algo útil para toda a vida: a disciplina que aprendi no quartel reforçou minha disposição natural de cumprir meu caminho, respeitando os limites do meu avanço, mas sem nunca perder de vista meus objetivos pessoais.

A cada dia, ficava mais clara para mim a importância de guardar dinheiro para realizar meus sonhos. Desde aquela época, eu já tinha em mente o propósito de guardar uma quantidade de dinheiro suficiente para não depender apenas dos meus ganhos mensais para me sustentar.

O fato é que, quanto mais eu via os resultados obtidos com minhas pequenas economias, mais eu me sentia motivado a continuar poupando. Foi então que comecei a alimentar o sonho de me mudar para São Paulo, onde, eu sabia, teria melhores oportunidades de crescer. Com as economias que até então conseguira juntar, tive a segurança de deixar o emprego garantido e partir para o que muitos consideravam uma perigosa aventura. Foi assim que desembarquei na capital paulista em 1981, com uma mala na mão, pouco mais que o equivalente a 3 mil reais no bolso e a cabeça fervilhando de sonhos e esperança. Os primeiros tempos não foram fáceis. Consegui emprego em uma loja da Rua Santa Efigênia e inicialmente dividi um apartamento com alguns conhecidos de minha cidade, até encontrar um novo lugar para morar.

Logo que entrei no curso de Ciências Contábeis, mudei de emprego e passei a trabalhar como assistente de contabilidade em uma empresa em Alphaville, Barueri (Grande São Paulo). Nessa época, comecei a buscar uma atividade paralela para reforçar meu orçamento. Arranjei um trabalho extra em outra empresa de contabilidade. Ali trabalhava aos sábados, domingos e feriados, e assim permaneci por seis anos, trabalhando duro e guardando dinheiro. Com essas atividades, concluí a faculdade e, na sequência, ingressei em uma pós-graduação na área de Análise de Sistemas.

Em 1986, percebi que todo o caminho traçado até ali me preparou para abrir meu próprio negócio. Comecei então a buscar nos jornais anúncios de venda de empresas contábeis. Lembro-

-me até hoje daquele anúncio do jornal Primeiramão: "Busco sócio que queira trabalhar. Facilito". Fui conhecer a empresa, que se resumia a uma pequena garagem coberta de telhas de cimento-amianto, luz de mercúrio e duas mesas muito velhas. Isto é, não havia uma empresa de fato, com estrutura montada, mas apenas uma pessoa física que chamava aquele espaço de escritório contábil. A carteira de clientes não passava de meia dúzia de empresas. Havia uma probabilidade considerável de que eu não conseguisse ganhar ali o equivalente ao que até então ganhava em meu emprego. Ainda assim, decidi apostar. Então, com 50% do valor de um Chevette e uma linha telefônica do plano de expansão da antiga Telesp, isto é, sem mexer em minhas economias, comprei a carteira de clientes e os ativos fixos desse lugar para abrir a Confirp Contabilidade.

O primeiro passo foi estabelecer a visão de onde gostaria de chegar. Baseado nisso, decidi que a Confirp seria referência no segmento de contabilidade no Brasil, e sua missão, a de levar ao empresário informações que ajudariam nas decisões de seu negócio. Crescendo com sustentabilidade e confiança, em poucos anos, a Confirp havia se transformado em uma empresa sólida e de muito prestígio no mercado. Quanto mais ela crescia e se fortalecia, mais eu me capitalizava para dar os próximos passos, com segurança e tranquilidade, sem alterar meu padrão de vida. Foi com essa estratégia em mente que, em 1990, ainda morando na mesma pensão dos tempos de faculdade, comprei a primeira sede da Confirp – e também a minha primeira casa.

Desde então, norteado pela convicção de que poderia atingir todos os meus sonhos e necessidades, desde que soubesse administrar com eficácia os meus recursos financeiros, minha empresa e meu patrimônio pessoal se expandiram, o que aumentou meu poder de compra e colocou-me na posição de investidor, pois estava conseguindo poupar para realizar meus sonhos.

Em todo o meu trajeto, sempre que possível, procurei passar para as pessoas com as quais convivia a forma como eu agia, que se resumia a um jeito de fazer que me possibilitou alcançar a independência financeira aos 37 anos de idade. Fui percebendo, de modo cada vez mais claro, o quanto as pessoas tinham dificuldade para evoluir em suas vidas financeiras, sobretudo pela falta de atitude para poupar parte do que ganhavam.

Em 2001, tive a ideia de criar um site para ajudar as pessoas no controle de suas finanças: o Financeiro 24 horas, que se tornou, na época, uma importante ferramenta de controle do dinheiro por meio da internet e, a partir de 2012, transformou-se em uma empresa desenvolvedora de soluções tecnológicas. Naquele momento, definitivamente, percebi o quão era difícil para as pessoas guardarem dinheiro, devido à falta de hábito de controlar seus próprios gastos.

Aprendi que uma planilha financeira pode, sim, ajudar

algumas pessoas a buscar o equilíbrio; pessoas que, ao se organizar, conseguem encontrar sozinhas o caminho. Mas planilhas apenas não resolvem o problema financeiro de milhões de indivíduos, porque não promovem a transformação necessária. Naquela época, entendi que precisaria continuar refletindo sobre a questão até encontrar um mecanismo mais eficiente para auxiliar as pessoas.

De 2003 para cá, minha atuação como educador financeiro se expandiu, ainda que essa expressão não fosse muito conhecida no mercado empresarial, tampouco na mídia. Inicialmente, minhas orientações eram informais, conhecimentos compartilhados com amigos, familiares e clientes, os quais eu procurava ajudar a partir da minha experiência de vida.

Mas, a partir de um dado momento, passei a me dedicar cada vez mais à Educação Financeira, realizando palestras em entidades como Rotary Club, Associações Comerciais e Industriais e em empresas. Também cresceu a minha participação em programas de rádio e televisão, para falar sobre o assunto. Por fim, comecei a produzir artigos para várias mídias.

Nasce um novo jeito de fazer: **METODOLOGIA DSOP**

Contudo, percebi que a Educação Financeira não era apenas um trabalho de disseminar conhecimento; envolvia também um olhar profundo para a pessoa humana, uma vez que o comportamento estava implicado no processo. Tratava-se, assim, de ajudar a pessoa a conhecer o seu "eu financeiro", o que deu ao trabalho de orientação um caráter de terapia.

Anos e anos de prática do diagnóstico financeiro na minha vida pessoal, nos negócios de meus clientes, nas orientações transmitidas em artigos e entrevistas, bem como em meu trabalho terapêutico, por meio da análise do comportamento de amigos e conhecidos, levaram-me à materialização de uma metodologia para lidar com o dinheiro de uma forma saudável, considerando os aspectos comportamentais da relação que as pessoas mantêm com os seus recursos financeiros.

Mas era preciso mais. Era necessário encontrar um jeito de fazer essa metodologia chegar não apenas a pessoas isoladas, mas atingir mais pessoas, o que me fez colocar minhas ideias no papel, compilando as práticas cotidianas que eu vinha adotando desde a infância, os conceitos desenvolvidos, os temas que mais preocupavam as pessoas... enfim, escrever este livro. Com esse material em mãos, resultado de anos de reflexão e observação do comportamento das pessoas na sua vida financeira, nasceu o *Terapia Financeira*, síntese de uma vida, de uma filosofia de vida que me fez conquistar minha independência financeira e acreditar que essa conquista pode ser sua também.

O livro *Terapia Financeira* foi desde seu lançamento uma grande vitória, porque conseguiu levar para milhares de pessoas e seus familiares uma visão simples e objetiva de como elas poderiam aprender a cuidar melhor do seu dinheiro. No entanto, percebi que nós, adultos, temos muita dificuldade em mudar os hábitos e costumes que aprendemos na infância. Pensando nisso, lancei em 2008 meu segundo livro, *O Menino do Dinheiro*, só que dessa vez para crianças, com o intuito de ensiná-los desde cedo a cuidar bem do próprio dinheiro. Durante visitas em escolas e creches e, também, entrevistas, desenvolvi e adaptei a **Metodologia DSOP** – que contempla quatro pilares: Diagnosticar, Sonhar, Orçar e Poupar – de forma lúdica, embasada em minha vida pessoal.

Pensando nas diversas possibilidades para disseminar a **Metodologia DSOP** para o maior número de pessoas, criei, primeiramente, o Instituto DSOP de Educação Financeira – que, em seguida, passou a se chamar DSOP Educação Financeira –, que tem como missão disseminar a Educação Financeira no Brasil e no mundo, por meio da **Metodologia DSOP**, ensinando as pessoas a conquistarem autonomia financeira para a realização de sonhos e necessidades.

Isso porque ter somente um livro não atenderia ao meu propósito, que era fazer com que as crianças pudessem verdadeiramente criar novos hábitos e comportamentos adequados em relação ao dinheiro. Por isso fui buscar junto às editoras de livros a possibilidade de apoio em meu novo projeto: lançar uma Coleção Didática de Educação Financeira para o Ensino Básico. Mas qual foi minha grande surpresa? Recebi diversos "não". Algumas disseram que o investimento seria muito alto, outras me pediram para aguardar uma futura resposta. Acredite, se eu tivesse aguardado estaria até hoje esperando. Não me restou outra alternativa senão abrir minha própria editora.

Em 2009, reuni alguns profissionais da área pedagógica e fui desenvolvendo com eles versões e mais versões, testes-pilotos em algumas escolas. Até que, em 2010, lançamos para o mercado educacional a primeira Coleção Didática DSOP de Educação Financeira, composta de 15 livros do aluno e 15 cadernos do professor. Desde então, a coleção vem ocupando seu espaço no mercado editorial junto às escolas privadas e públicas. A empreitada compreende não somente livros, mas também um programa de Educação Financeira para o ensino básico, que contempla desde a capacitação dos professores à realização de palestras de sensibilização para os pais. Encontrei também outros obstáculos nessa importante tarefa quando precisei fazer a distribuição dos livros. Com mecanismos ineficazes no mercado e que não atendiam a minha demanda, abri minha própria logística de distribuição.

Hoje seguimos levando novidades para o mercado editorial de Educação Financeira. Decidimos transformar o livro *O Menino do Dinheiro* em uma série de cinco obras. Criamos uma série paradidática, *O Menino e o Dinheiro,* de ficção, também para o ensino infantil. Em 2011, lançamos os livros *Livre-se das Dívidas* e *Ter Dinheiro Não Tem Segredo,* este último voltado para o público jovem. Em 2012, lançamos uma obra destinada ao público feminino, *Eu Mereço Ter Dinheiro.* Em 2013, lançamos a *Coleção Dinheiro sem Segredo,* composta de 12 obras de diversos temas relacionados à Educação Financeira. Ainda em 2012, abrimos nossa própria estrutura editorial certificada nos padrões ISO-9001. Em 2014, desenvolvemos a primeira Coleção Bilíngue (Projeto CLIL) de Educação Financeira, com atuação no mercado nacional e internacional. Além disso, houve a fundação da ABEFIN no final de 2011, para fins de regulamentação da atividade dos profissionais de Educação Financeira.

Já no universo do ensino superior, em 2009, idealizei e lancei a primeira pós-graduação (*lato sensu*) em Educação Financeira, com a finalidade de desenvolver especialistas na área. Em 2014, com a experiência adquirida, fez-se necessária a segmentação de atividades junto à Educação Financeira. Com isso, lancei mais três pós-graduações *lato sensu*: Educação Financeira com Neurociência para Docentes, Terapia Financeira e Inovação Empreendedora com Lucro em Primeiro Lugar. E, em 2017 e 2018, buscamos pela formação no *stricto sensu* com o mestrado e o doutorado internacional em Educação Financeira. Em 2019, houve a idealização da Franquia Digital de Profissionais de Educação Financeira, com cinco especialidades, ligada à Associação Brasileira de Franchising (ABF) para que pudessem atuar de forma segura, protegendo a marca e a qualidade do produto e serviço. E, em 2021, lançamos a primeira graduação em Educação Financeira. Ainda, no final de 2021, protocolei na Câmara dos Deputados, por meio da ABEFIN, o projeto de lei que regulamenta a atividade de profissionais de Educação Financeira, com a criação de Conselhos Federal e Estadual de Educação Financeira.

Em 2022, por meio da ABEFIN propus junto à Organização para a Cooperação e Desenvolvimento Econômico (OCDE) a atualização do conceito da Educação Financeira, por entender que trata-se de uma ciência humana que lida com comportamentos e hábitos.

Certamente, a história não para por aqui. Temos muitos sonhos para serem realizados. Espero que, ao ler esta obra, você possa realmente aplicar passo a passo nossos ensinamentos. Acredite, o maior desafio é você dar o primeiro passo. Lembre-se de que uma escada se sobe degrau a degrau, é preciso acreditar e perseverar.

Espero que você leia este livro se possível, mais de uma vez. Desejo que o *Terapia Financeira* seja seu livro de cabeceira, aquele no qual você possa encontrar respostas e soluções para a maioria das suas aflições em relação ao dinheiro. E, principalmente, que possa encontrar nele o caminho para a realização dos seus sonhos de curto, médio e longo prazos, de forma sustentável e próspera financeiramente.

Satisfação ou o seu DINHEIRO DE VOLTA

Você pode até se perguntar: "Será que preciso mesmo me educar financeiramente?"; "Que efeito este livro terá sobre a minha atual condição?"; "Será que adianta ler sobre o assunto?"; "Educação financeira também se aprende ou é aquele tipo de coisa que alguns sabem, outros não, e ponto?"; "Afinal, preciso mesmo de uma terapia financeira?".

Em primeiro lugar, quero lhe dizer que somente o fato de você ler essas primeiras linhas e fazer essa breve reflexão revela, por si só, que você busca, sim, uma forma diferente de cuidar de seu dinheiro e da sua educação financeira. Acredite: se este livro chamou sua atenção, é porque ele tem algo a lhe oferecer. Algo que talvez você tenha consciência de que precisa, ou, simplesmente, a intuição de que precisa, mesmo sem estar convicto disso.

Inclusive, ao longo desses 15 anos, recebi muitos relatos de pessoas que adquiriram o livro, porém não deram a devida atenção no momento, fazendo sua leitura alguns anos depois, percebendo que poderiam ter feito escolhas melhores e diferentes, mas nem por isso deixaram de transformar suas vidas. Tudo acontece no tempo certo, no tempo de Deus.

Mais que tentar convencê-lo, proponho-lhe um pacto: se, ao final desta leitura, você achar que ela não agregou nada à sua condição financeira atual, não o estimulou a olhar de outra forma para o seu dinheiro, não lhe abriu as portas da consciência para a necessidade de poupar nem o motivou (com orientações práticas e eficazes) a iniciar uma transformação em sua vida, você poderá exigir seu dinheiro de volta. Isso mesmo! Ou eu cumpro minha missão de ajudá-lo a viver melhor, com a tranquilidade de não ser refém do seu dinheiro – ou da falta dele –, ou você terá direito de reaver o que pagou pelo livro.

Minha missão é disseminar a educação financeira no Brasil e no mundo, e uma das primeiras lições que norteiam essa missão é respeitar o dinheiro. Por isso, pergunto a você: **"Se, a partir de hoje, você não recebesse mais o seu ganho mensal, por quanto tempo conseguiria manter seu atual padrão de vida?"**. Essa pergunta tem levado as pessoas a refletir, motivando-as a continuar fazendo o que fazem, mas de forma diferente.

Os ensinamentos deste livro mudarão a forma como você lida com o dinheiro, pois lhe trará o conhecimento de uma metodologia simples e eficaz, sem fórmulas mirabolantes ou teorias complicadas, capaz de pôr sua vida financeira nos trilhos.

O importante é saber que o primeiro passo você já deu. Buscar informações sobre o assunto é uma atitude muito positiva e demonstra desejo de melhorar, seja qual for sua situação financeira atual: investidor ou endividado. Com isso, você já saiu da inércia em que a maioria das pessoas se encontra. O mais comum é ouvir alguém dizer: "Ganho tão pouco que não vale a pena me preocupar em guardar parte do meu dinheiro. O jeito é viver um dia depois do outro". Ou: "Ganho tão bem que não preciso me preocupar em guardar parte do meu dinheiro. O melhor que tenho a fazer é aproveitar o dia de hoje".

Nessas duas posturas, há um equívoco comum. A vitória financeira não depende de quanto você ganha, mas de como você lida com o que ganha. Já ouviu aquela máxima: "Não importa o que a vida faz com você, o que importa é o que você faz com o que a vida faz com você"?. O raciocínio aqui é parecido. O primeiro passo é uma questão de atitude, e o fato de comprar este livro – e lê-lo – já é uma tomada de atitude louvável. Você sabe que precisa de ajuda para lidar melhor com seu dinheiro. E acredite: você não é a única pessoa nessa situação.

Em geral, nem nossos avós, nem nossos pais aprenderam de uma forma estruturada a lidar com o dinheiro. Conosco não é diferente. Trata-se de uma dificuldade que aflige gerações após gerações; portanto, a partir deste momento, você tem a oportunidade de quebrar esse ciclo.

É muito comum ouvir que para aprender é preciso errar. Mas o erro reiterado costuma deixar marcas que, para serem corrigidas, podem levar um longo tempo. Portanto, quem começar acertando ou conseguir corrigir os erros mais rapidamente, estará em melhores condições que os demais. Aprendi em minha trajetória financeira que o ciclo da vitória financeira começa por respeitar o dinheiro que se ganha e poupar antes de gastar, sempre priorizando sonhos e necessidades.

Muitos pais tentam mostrar aos filhos como é importante ganhar dinheiro, mas raros são os que se preocupam em prepará-los para uma vida financeira saudável, gerando riqueza para si e para os outros, até porque nem mesmo eles têm conhecimento para passar essa orientação adiante.

Desde o momento em que chegamos ao mundo, geramos gastos, mesmo sem nos darmos conta disso. O custo de vida de um ser humano antecede seu nascimento. Basta pensar nos gastos de enxoval, acomodação para o bebê, móveis, hospital, consultas e vitaminas para a mãe, entre tantos outros inevitáveis gastos que surgem com a chegada de um filho. Essa simples reflexão já deveria ser suficiente para justificar a necessidade de uma análise por parte de quem deseja ter um ou mais filhos. E a transmissão do conhecimento adquirido em relação à vida financeira deveria ser prioridade na formação desses filhos.

Trata-se, no entanto, de uma lição que, infelizmente, não nos é ensinada em nenhuma fase da vida. Sempre que nos referimos à educação moral de uma pessoa, pensamos na célebre frase: "Educação vem de berço", o que significa nossa plena consciência de que a ética que exercitamos ao longo da vida é plantada, em larga medida, ainda na primeira infância, pelos pais ou responsáveis. Com a educação financeira, não é diferente. O modo como administraremos nossos recursos ao longo da vida é determinado pelos ensinamentos que recebemos.

No entanto, o que acontece quando esses ensinamentos não nos são passados? O mais comum é tomarmos como exemplo, seja por assimilação, seja por oposição, os modelos e as verdades de nossos pais. Então, se tivermos pais equilibrados e conscientes, é possível que sejamos bem-sucedidos, ou não! Pois podemos, por conta de uma rebeldia inconsciente, querer ser justamente o oposto. Assim, de um jeito ou de outro, não teremos um referencial seguro no qual nos espelhar e amparar.

Bem, uma vez estabelecida a falha no seio familiar, o caminho para preencher essa lacuna poderia ser o das escolas, mas, até bem pouco tempo atrás, a educação financeira sequer era citada nos currículos escolares. Felizmente, com a criação da Estratégia Nacional de Educação Financeira (Enef), instituída pelo Governo Federal em 22 de dezembro de 2010, essa realidade tende a mudar.

A Enef institui, entre outras coisas, que a temática seja incluída no ensino básico e que outras iniciativas sejam desenvolvidas, para orientar também os adultos. Prova desta mobilização se deu pela Portaria 723 do Ministério do Trabalho em abril de 2013, que mostra a grande preocupação com o aumento sucessivo do endividamento dos trabalhadores, em especial os jovens, quando logo no primeiro trabalho já lideram a fila dos inadimplentes no país. Ou seja, o reconhecimento da importância da educação financeira na vida das pessoas já é um fato concreto. A Educação Financeira, promulgada por meio da BNCC em 2017, com vigência em 2020, é tema transversal na educação básica. Mas ainda temos um longo caminho pela frente, inclusive para superar o estigma de que a educação financeira está relacionada às Ciências Exatas, quando, na verdade, o componente comportamental, os hábitos e costumes, é que estão na base de tudo.

Esse é o momento de quebrar o círculo vicioso e substituí-lo por algo virtuoso, que tenha impacto positivo em todas as gerações! Se fizermos isso a partir de agora, além de uma melhora quase imediata em nossa qualidade de vida pessoal e familiar, daqui a vinte anos certamente teremos outra realidade no mundo.

Sabemos que o crescimento econômico sustentável esperado

do planeta depende, em grande parte, de uma urgente revolução na educação formal. Eu acrescentaria à essa revolução a necessidade de instruir nossa população também no que se refere à administração do dinheiro. Já que temos constatado o "**analfabetismo funcional do dinheiro**", ou seja, as pessoas conhecem o dinheiro, usam, mas não sabem como lidar com ele para uma melhor qualidade de vida.

Fala-se muito na melhor distribuição da riqueza, hoje concentrada nas mãos de poucos em nosso país. Todavia, além de distribuir, é preciso ensinar a gerir e a gerar riqueza a partir das fatias do bolo que couberem a cada um, com base em uma distribuição mais justa. Do contrário, não será possível romper definitivamente o círculo de miséria ao qual tantos hoje se veem condenados.

A essa altura, você talvez pense: "Puxa, mas essa história de educação financeira, então, é mais um daqueles ensinamentos teóricos que deveríamos ter aprendido na escola e que, no fim das contas, não servem para a vida prática?". Aí é que está o diferencial deste livro. Ele não está baseado em uma teoria, no seu sentido mais puro. Ao contrário, tem origem em uma prática simples e acessível a qualquer um. A ideia é que, seguindo as orientações aqui apresentadas, você possa aplicar cada uma das lições à sua rotina diária, começando a desfrutar dos efeitos benéficos de tal mudança de comportamento em sua vida.

Este livro tem como base científica a **Metodologia DSOP**:

Diagnosticar

Sonhar

Orçar

Poupar

Quatro pilares sobre os quais eu construí minha história de vitória financeira.

Na primeira parte deste livro, eu o ajudarei a identificar qual é sua situação financeira atual e as atitudes que terá de tomar em conjunto com seus familiares para alcançar sua sustentabilidade financeira.

O passo seguinte será despertar em você os sonhos e as necessidades que serão combustível para enfrentar os desafios da jornada. Ou seja, o que deseja realizar ao longo do caminho, já que sonhar é condição fundamental para que o ser humano cresça e se torne o que quer ser. Desde já, siga fazendo a si mesmo esta pergunta básica, que será desdobrada na segunda parte do livro: "Qual é meu sonho?".

Na sequência, você será conduzido à terceira parte da obra, na qual aprenderá o que é, de fato, fazer um orçamento. Todavia, aqui não se trata de um orçamento convencional, no sentido burocrático do termo, mas de estabelecer as etapas, os recursos e as estratégias necessárias para a realização de seus sonhos.

Concluído mais esse trecho da caminhada, você estará equipado para pôr em prática o mecanismo principal que lhe permitirá atingir a sua autonomia e sustentabilidade financeira de maneira concreta, poupando sempre uma parte de todo o dinheiro que passar por suas mãos. Garanto que, depois de ultrapassar cada uma dessas etapas, sua vida financeira jamais será como antes, independentemente do seu nível de rendimento.

E aqui está um ponto-chave: por mais que a gente queira tomar as atitudes corretas, muitas vezes nossos propósitos são sabotados, não só pelos outros como também por nós mesmos. Se, ao ler o início deste parágrafo, passou por sua cabeça: "Você fala isso porque não sabe o tamanho da enrascada financeira em que estou", minha resposta é: "Não importa quão complicada seja sua situação financeira, VOCÊ PODE virar o jogo!". E minha missão é prepará-lo para essa jornada de aprendizado. Vamos em frente!

DIAGNOSTICAR

···· O EU financeiro ····

Entenda a epidemia do DESEQUILÍBRIO FINANCEIRO

Segundo o Novo Dicionário Aurélio da Língua Portuguesa, o significado da palavra diagnosticar é "fazer o diagnóstico de algo", e um dos significados da palavra diagnóstico é "conhecimento das doenças pelos sintomas que elas apresentam".

Isso significa que a palavra diagnosticar não está aqui por acaso. Ela representa a visão que adquiri ao longo da vida ao observar o comportamento das pessoas em relação ao dinheiro, percebendo que a maioria sofre de uma espécie de doença, um desequilíbrio dos seus "órgãos financeiros".

O desequilíbrio financeiro é como uma doença que pode apresentar vários sintomas; cada um vai exigir um tratamento. Alguns podem sofrer apenas de uma leve "labirintite financeira". São aquelas pessoas que, vez ou outra, ficam meio desequilibradas, gastam além da medida, mas logo se recompõem, estabilizam a situação e seguem adiante.

Há também aqueles cujos membros inferiores são afetados a ponto de ficarem prejudicados e não saírem mais do lugar. Você já notou que, para dizer que alguém está em dificuldade financeira, às vezes usamos a frase: "Fulano está mal das pernas"?

Quem não conhece alguém mais ou menos próximo que está com dificuldade de sair do lugar? O que ganha é o que gasta. O que gasta é o que ganha. Como se as forças das próprias pernas estivessem comprometidas, atrofiadas.

Em casos mais graves, o "estar mal das pernas" que pode ser entendido como não encontrar meios para se livrar das dívidas, como cheque especial ou cartão de crédito, pode evoluir para o "estar quebrado" – isto é, sem condições no momento de arcar com os gastos contraídos e acumulados, levando a restrições de crédito e correndo o risco de perder o que conquistou em sua vida.

Todos esses exemplos são formas simbólicas de dizer que há uma doença em curso, corroendo a saúde da pessoa em questão. O problema se agrava quando a situação sai do controle, ou seja, o desequilíbrio financeiro aumenta rapidamente, invadindo a vida profissional, empresarial e familiar do indivíduo, sem que se tenha tempo de controlá-lo antes do estrago maior.

Contudo, qualquer que seja a natureza do seu problema, se sua saúde financeira está abalada, você precisa de um diagnóstico financeiro imediato. Quanto antes souber a dimensão do problema, mais rápido encontrará o caminho para se livrar dele. Conscientizar-se é o primeiro passo, e para isso você terá de refletir sobre as questões a seguir. Vamos a elas.

FAÇA UM LEVANTAMENTO dos seus rendimentos

Quando perguntamos a uma pessoa quanto ela ganha, quase sempre recebemos uma resposta que não condiz com a realidade. Por exemplo, imaginemos alguém cujo salário bruto mensal seja mil reais. Ao responder quanto ganha por mês, essa pessoa dirá imediatamente: "Eu ganho mil reais". Se for um profissional com carteira assinada, a resposta estará errada, pois desse valor ele precisaria deduzir os descontos oficiais, como os do INSS, vale-transporte, vale-refeição, assistência médica, entre outros. Sendo assim, o valor real do seu ganho mensal seria de aproximadamente 850 reais.

Dependendo de sua faixa de rendimento, você pode pensar: "Mas que importância tem isso? Afinal, são só 150 reais de diferença".

Digo-lhe, então, que isso é muito importante. Não são somente 150 reais de diferença, mas uma diferença de 15% do valor bruto do rendimento, percentual muito representativo, independentemente da renda em questão.

Por que isso é importante? Porque, ao interiorizar a informação de que ganha mil reais, tal pessoa passará a viver fora de sua realidade, gastando, no mínimo, 15% a mais do que realmente poderia gastar. De modo inconsciente, ela adota o número "mil" como parâmetro – contudo esse parâmetro está errado.

Quem deseja obter equilíbrio financeiro precisa ter plena consciência de seus rendimentos, saber exatamente o valor disponível para fazer frente a gastos, compromissos e necessidades. O mesmo se aplica a profissionais liberais, autônomos e empresários. É preciso computar de forma precisa os valores recebidos ao longo do mês e, se possível, do ano, para descobrir quais são suas reais margens de manobra.

Pessoas com rendimentos variáveis podem, igualmente, cair em armadilhas, armazenando na memória apenas o rendimento bruto, sem descontar impostos e gastos comuns a quem trabalha como autônomo – além de, em certos períodos, poderem ter ganhos bem acima da média, enquanto, em outros, não ter rendimento nenhum. Nesses casos, conhecer com precisão os movimentos de entrada de dinheiro é ainda mais importante.

De início, sugiro apenas que você procure calcular quanto possui de rendimento mensal, incluindo salários e comissões, se os tiver. Como exercício, preencha o quadro abaixo:

EXERCÍCIO DE RENDIMENTO MENSAL		VALOR (R$)
A	**Rendimento bruto** (salários, comissões, bônus)	
B	**Descontos diversos** (INSS, IRRF, outros)	
C	**Rendimento líquido mensal** C = (A – B)	

Caso você seja um profissional liberal, autônomo ou empresário, liste da forma mais precisa possível os valores médios recebidos nos últimos três meses.

Depois de fazer esse levantamento mensal, calcule quanto os rendimentos representam ao longo do ano, incluindo férias e 13º salário, se você os tiver; ou, ainda, bônus e comissões, se esse for o seu caso. Em seguida, preencha o quadro a seguir:

EXERCÍCIO DE RENDIMENTO ANUAL		VALOR (R$)
A	**Rendimento bruto** (salários, comissões, bônus)	
B	**Outros ganhos** (13º salário, férias, outros)	
C	**Descontos diversos** (INSS, IRRF, outros)	
D	**Rendimento líquido anual** D = (A + B – C)	

Os exercícios anteriores lhe darão a primeira imagem de seu rendimento mensal e anual. Mesmo que os rendimentos mensais não sejam muito altos, você provavelmente vai se surpreender ao calcular o valor total deles ao longo de um ano.

Ao começar a refletir sobre seus rendimentos, você dará início a um processo de mudança em seu comportamento financeiro: **a consciência**.

Procure ser o mais fiel possível. Estimativas quase sempre falseiam a realidade. Assim, fique atento para não cair na armadilha de superestimar ou subestimar os valores. Não deixe que sua mente sabote essa iniciativa e siga em frente.

OBSERVE seu comportamento financeiro no microscópio

Caso eu perguntasse se você sabe quanto gasta, é bem provável que seu primeiro impulso seria dizer, taxativamente: "Claro que sei". Contudo, garanto que grande parte das pessoas pensa que sabe, mas de fato não sabe; elas não possuem um domínio preciso sobre seus gastos. Isso porque a maior parte está acostumada a registrar, quando muito, os gastos maiores, como prestação da casa, energia elétrica, entre outros.

Veja como o cálculo é feito pela maioria:

GASTOS	VALOR (R$)
Água	60,00
Energia elétrica	70,00
Cosméticos, cabeleireiro	80,00
Curso de idiomas	110,00
Roupas e calçados	150,00
Diversão e lazer	120,00
Gorjetas	20,00
Telefone	95,00
Mercado	330,00
Transporte	170,00
Faculdade	450,00
Total de gastos	**1.655,00**

O problema é que saber o valor do aluguel ou da prestação da casa própria; calcular os gastos com ônibus, metrô, táxi ou combustível e saber por cima a conta do supermercado, bem como computar o valor da mensalidade escolar, não produzem uma radiografia completa de sua situação.

Você já deve ter passado pela experiência de receber determinado rendimento e, dias depois, tomar um susto ao consultar o saldo da conta-corrente ou a carteira e perceber que o dinheiro foi todo embora.

Quantas vezes você já se fez a famosa pergunta: "Onde foi parar meu dinheiro?"

O que lhe proponho a partir de agora é que você faça essa pergunta para si mesmo (e a responda) com mais frequência. Sim, porque, para diagnosticar com precisão seu estado de saúde financeira, é imprescindível que você tenha uma visão completa do funcionamento do seu organismo financeiro.

Quando algum sintoma de desequilíbrio é detectado em nós, e somos atendidos no pronto-socorro, o procedimento médico começa pelo exame geral de nossas funções vitais:

pulso, batimentos cardíacos, temperatura, pressão arterial etc. Fazendo uma analogia com o corpo humano, o equilíbrio entre ganhos e gastos diz respeito às funções vitais do organismo financeiro. Elas correspondem quase sempre ao nível de saúde financeira que você tem.

Talvez você pense: "Ora, eu já sei isso". E eu lhe digo: Você pensa que sabe, mas não sabe! Simplesmente porque não tem domínio sobre os pequenos gastos; não tem um contato verdadeiro com essa sua realidade.

Acredite: nos pequenos gastos, não considerados no cálculo superficial que fazemos, reside o desequilíbrio financeiro. Tais gastos miúdos vão corroendo nosso dinheiro, minando nosso chão, sem nos darmos conta disso. Quando, uma vez ou outra, entramos em contato com essa realidade, fazendo um balanço mínimo dos gastos, nossa primeira reação é pensar: "Estou ganhando pouco. Meu dinheiro não dá para nada".

Pode até ser que você, de fato, esteja ganhando menos do que merece, mas isso nada tem a ver com o fato de estar sem dinheiro. Afinal, se você ganhasse 10% a mais, provavelmente gastaria 10% a mais. Se ganhasse 20% a mais, gastaria 20% a mais, pelo simples motivo de não ter nenhum domínio sobre seu dinheiro. E se você não dominar seu dinheiro, ele certamente dominará você!

O equilíbrio financeiro depende diretamente da visão detalhada que você tem de seus ganhos e gastos. Se não tiver equilíbrio nas duas pernas, não conseguirá andar. Se não tiver equilíbrio entre o que entra e o que sai de dinheiro, não conseguirá sair do lugar financeiro em que se encontra, seja ele qual for.

Desse modo, é fundamental que você saiba exatamente qual é seu condicionamento financeiro, pois isso lhe permitirá desenvolver ao longo do tempo a capacidade de dar um salto quando surgir alguma oportunidade, desviar-se dos buracos que surgirem inesperadamente à sua frente. Além disso, com os ganhos e gastos equilibrados, você será capaz de criar uma reserva de energia adicional para usar como e quando bem entender.

Você deve estar se perguntando: "Tudo bem, mas como eu faço para ter uma radiografia detalhada dos meus ganhos e gastos?". Acredite: há um jeito fácil e eficaz de fazer isso, muito mais simples do que você imagina. Vamos a ele.

"O importante é que você anote tudo."

Registre todos os seus PEQUENOS E GRANDES GANHOS E GASTOS

Se eu lhe perguntasse quanto você gasta por mês com gorjetas, manicure, chope, cafezinho, balada, aplicativos de locomoção ou almoço por aplicativos, você possivelmente teria dificuldade em dizer o valor com precisão, certo? Pois minha proposta é que, a partir de hoje, você saiba para onde vai cada centavo e domine, principalmente, os pequenos gastos. Para tanto, precisará anotar tudo o que gasta diariamente, por um período determinado.

Exercite sua memória e tente relacionar seus gastos por tipo:

MÊS ______________ ITEM ______________		
Dia	**Valor gasto (R$)**	**Forma de pagamento**
Total		

Veja bem, não estou dizendo que você deva, no final do dia, fazer as contas e dizer: "Hoje gastei 10 reais" ou "Hoje gastei 20 reais". Não! O que estou propondo é que você anote como gastou esses 10 reais ou 20 reais. É importante entender que você deve registrar seus gastos por tipo, como transporte, supermercado, feira, padaria, escola, balada, cafezinhos e até gorjetas. Depois disso, a totalização mensal por tipo deverá ser lançada em seu orçamento financeiro mensal, que veremos mais adiante.

O importante é que você anote tudo, todos os dias, por tipo, totalizando os primeiros trinta dias, caso tenha ganho fixo. No caso de ganhos variáveis, como autônomos e profissionais liberais, é necessário repetir essas anotações por três meses seguidos, obtendo assim a média de gasto por tipo.

Talvez você pense: "Ah, mas eu não vou fazer isso mesmo! Vai dar muito trabalho!", uma reação muito comum e previsível, afinal, dificilmente estamos predispostos a mudar nossos hábitos e comportamentos – por mais que eles nos prejudiquem.

É assim também na medicina. A prevenção de doenças que dependem de mudança de comportamento é a mais complicada, porque nós, seres humanos, somos animais de hábitos, e um hábito enraizado é difícil de ser mudado. Mas pense comigo: se você já chegou até aqui, por que perder a chance de ir em frente e pôr à prova o que foi prometido desde a primeira linha deste livro?

Saiba que todos nós temos um pouco de medo de entrar em contato com a verdade, de olhar e ver a realidade tal como ela é, sem máscaras ou disfarces. Com dinheiro, não é diferente. Em geral, preferimos fingir que não é conosco, arranjar desculpas e desviar do assunto. No entanto, lembre-se de que nas primeiras páginas fizemos um pacto, no qual eu garanti que, se não conseguisse ajudá-lo, você teria seu dinheiro de volta, certo? No entanto, sejamos justos: você também precisa fazer a sua parte.

Comece hoje mesmo a anotar cada centavo que gasta, utilizando o Apontamento Financeiro. Veja a seguir como fazer essas anotações.

GASTOS		
Mês: Julho		**Item:** Padaria
Dia	**Valor gasto (R$)**	**Forma de pagamento**
05	6,00	Cartão de débito
06	15,00	Vale-refeição
15	18,00	Dinheiro
20	8,00	Dinheiro
22	12,00	Pix
25	27,50	Cartão de crédito
28	22,50	Cartão de débito
29	65,00	Cheque
Total	**174,00**	

No início, talvez se sinta meio incrédulo, sem saber se, realmente, esse exercício irá ajudá-lo. Então raciocine comigo: se até hoje você cuidou do seu dinheiro à sua maneira e, mesmo assim, os resultados obtidos não foram satisfatórios, pode ser que esteja na hora de modificar a forma de lidar com seu dinheiro, para atingir outros resultados.

Esta é uma frase da qual gosto muito: "Se você quer que sua vida continue exatamente como está, continue fazendo tudo exatamente como faz". Contudo, se deseja mudá-la, comece mudando seus hábitos!

A metodologia que proponho aqui o ajudará a mudar imediatamente seu comportamento em relação ao dinheiro. Você se surpreenderá com os ganhos e gastos que, até então, julgava insignificantes; enxergará os ralos pelos quais seu dinheiro tem se perdido.

Proponho, agora, que você preencha a tabela a seguir, de acordo com estas instruções:

- **Faça uma previsão de quanto você gastará por tipo de ganho e gasto durante os próximos sete dias.**
- **Anote-os no momento da movimentação financeira, pois, se deixar para depois, certamente esquecerá.**

- **Compare diariamente, ou no final dos sete dias, os ganhos e gastos previstos com os realizados. Você terá uma grande surpresa.**

Pode ser que, de início, a constatação do excesso e desperdício de gastos e a diferença entre o imaginado e o real lhe causem certo desconforto. É difícil enfrentar a realidade. Todavia, se persistir em sua decisão, rapidamente tomará gosto pelo hábito de anotar a sua movimentação financeira. Talvez até se torne divertido. Na sequência, provavelmente, sentirá necessidade de registrar tudo e ficará chateado quando não o fizer.

Essa mudança de suas sensações sinaliza uma conquista muito importante, pois quanto mais inclinado estiver para dar continuidade ao processo, mais você tomará as rédeas de seu futuro financeiro e logo estará pronto para virar a mesa e passar a dar as cartas nesse jogo.

GANHO E GASTO	VALOR PREVISTO (R$)	VALOR REALIZADO (R$)	DIFERENÇA (R$)
Primeiro dia			
Segundo dia			
Terceiro dia			
Quarto dia			
Quinto dia			
Sexto dia			
Sétimo dia			

As pessoas que já testaram a **Metodologia DSOP** são unânimes em afirmar que não tinham ideia de quanto gastavam no dia a dia sem perceber. Ou achavam que gastavam um determinado valor, por exemplo, na padaria ou com guloseimas, e acabaram descobrindo que o gasto era muito maior, porque passaram a registrar tudo. O efeito é semelhante ao que ocorre quando olhamos para um objeto conhecido com o auxílio de uma lupa: detalhes antes invisíveis saltam aos olhos, proporcionando uma visão um pouco mais nítida da real situação.

O resultado desse primeiro impacto, então, começará a ser sentido imediatamente. Em princípio, tendo consciência de cada gasto, o mais natural é que você, sem perceber, passe a pensar duas vezes antes de gastar. Veja que não estou dizendo que passará a se sentir culpado por gastar. Não se trata disso. Apenas que você, gradativamente, passará a ter domínio mental sobre sua movimentação financeira. Tal sensação vai se intensificar a cada dia de anotação, porque a mente e o apontamento estarão conectados com os valores totais e tratarão de alertá-lo sobre quanto já foi ganho e gasto em cada item, algo que, antes, você não tinha a menor ideia.

Nesse período, pode ser que sinta uma vontade imensa de compartilhar a experiência com seus familiares, querer que eles também adotem essa atitude. E eu lhe digo: se houver abertura por parte do parceiro e dos filhos, se eles aceitarem entrar no processo desde o início, ótimo! Organize uma reunião familiar para debater os dados levantados, conscientizando cada membro da família da situação em que vocês estão. Se possível, estabeleçam juntos algumas estratégias iniciais para reduzir os gastos de imediato; assim certamente estarão em melhores condições financeiras em bem menos tempo.

No entanto, se houver, como é natural que haja, algum grau de resistência por parte dos outros, o melhor é dar tempo ao tempo, fazendo a sua parte. Neste caso, simplesmente anote os valores que eventualmente forem repassados para eles, seja como mesada, seja como dinheiro para gastos extras. Mas anote, pois isso também servirá de argumento no futuro para conscientizá-los e, assim, buscar a adesão deles à sua nova prática. À medida que eles perceberem seu empenho e perseverança, serão atraídos. Aos poucos, até as crianças poderão ser envolvidas, com pequenas adaptações na técnica e dentro da capacidade de compreensão e aprendizagem delas.

A primeira parte da técnica em si é simples: anotar todos os ganhos e gastos, todos os dias, no período determinado, detalhadamente, desde os pequenos, como bala e gorjeta, até os grandes e os esporádicos. A **Metodologia DSOP** é de fácil execução. Qualquer dificuldade que aparecer será muito mais por autossabotagem do que prática. No entanto, é preciso que fique muito claro que apenas fazer os registros não será suficiente. Você deve mudar seus hábitos.

Durante os registros da sua movimentação financeira, logo nas primeiras semanas, já será possível ter uma visão ampla da entrada ou saída de dinheiro. No fechamento dos trinta dias, você poderá refletir sobre eles e, assim, definir que atitudes tomar. Ao finalizar as anotações, os dados estarão prontos para ser analisados cuidadosamente. Eles serão de vital importância para definir as medidas que precisarão ser adotadas, a fim de que você ponha os números nos trilhos. Nesse momento, a visão que terá da sua situação já será bem mais abrangente. Vejamos como poderiam ficar seus cálculos por esse novo ponto de vista, considerando os gastos mensais mais detalhados:

	DESCRIÇÃO DOS GASTOS	VALOR (R$)
RESIDÊNCIA	Água	60,00
	Energia elétrica	70,00
	Telefone	95,00
	Mercado	330,00
	Manutenção da residência	40,00
PESSOAL	Transporte	170,00
	Medicamento	35,00
	Convênio médico	90,00
INSTRUÇÃO	Faculdade	450,00
	Cursos de idiomas	110,00
	Material escolar, xerox etc.	15,00
OUTROS	Lanches	55,00
	Roupas e calçados	150,00
	Cosméticos, cabeleireiro etc.	80,00
	Diversão e lazer	120,00
	Gorjetas	20,00
	Almoço, lanche, café etc.	40,00
	(-) **Total de gastos**	**1.930,00**

Perceba como, no nosso exemplo, ao computar os gastos menores, mudou completamente a situação retratada na tabela da página 51, em que os gastos não foram registrados diariamente, tampouco totalizados por categorias. Guardadas as devidas proporções, esse fenômeno certamente acontecerá quando você puser todos os seus números no papel. O diagnóstico é importante justamente pelo fato de revelar o que ficava escondido, deixando à mostra as vias pelas quais seu dinheiro hoje transita.

Quanto mais empenho tiver para registrar todos os gastos, por menores que sejam, mais clara ficará sua visão quanto aos seus gastos. E, naturalmente, mais fácil será fazer os ajustes necessários para melhorar sua saúde financeira.

Tenha em mente que o equilíbrio financeiro depende, em primeiro lugar, da redução dos excessos e desperdícios de gastos. Enquanto estiver alimentando seu Apontamento Financeiro, você poderá fazer, paralelamente, uma série de reflexões sobre seu estilo de vida e padrão de consumo. Essas considerações contribuirão muito para abrir as portas da sua consciência emocional. Isso porque dinheiro não é apenas uma questão de números.

A maneira pela qual você lida com o dinheiro diz muito sobre suas emoções. Assim como você precisa ter uma visão microscópica em relação aos números, é imprescindível desenvolver uma visão precisa das motivações e dos impulsos que estão por trás do seu padrão de consumo.

No período determinado, anote diariamente seus ganhos e gastos: os pequenos e os grandes. Mantenha-se firme. Não perca o foco. Mire em seu objetivo inicial: conhecer em detalhes sua vida financeira. Ao mesmo tempo, reflita sobre o modo como você a tem conduzido. Seja sincero, tenha coragem de assumir, sem subterfúgios, seu verdadeiro **"Eu Financeiro"**.

Atenção! É importante que o Apontamento Financeiro seja feito por apenas trinta, sessenta ou até, no máximo, noventa dias, dependendo do seu tipo de rendimento, fixo ou variável. Isso porque se trata de um diagnóstico que mostrará a verdadeira situação do seu momento financeiro, como uma espécie de fotografia desse período.

O procedimento deve ser repetido anualmente ou quando houver uma mudança significativa em sua vida financeira. Se fizer o Apontamento Financeiro de forma continuada, terá um processo e não um diagnóstico, o que não é recomendável. Portanto, não se torne escravo da anotação: faça pelo tempo que deve ser feito, e não mais do que isso.

A seguir, veja alguns pontos que podem ajudar a clarear seu entendimento nessa fase.

Descubra qual é seu PADRÃO DE VIDA

A ideia de padrão de vida, em geral, está associada a outro termo: classe social. Mas nem mesmo as estatísticas oficiais do país conseguem estabelecer claramente quais são as características de cada uma das classes sociais no Brasil. Afinal de contas, o que é pertencer à classe baixa, média ou alta? Essa é uma questão complexa, que sempre terá opiniões contrárias.

O importante é que, independentemente de sua classe social, você precisa aprender a viver de acordo com o que ganha. Ou seja, manter um padrão de vida sustentável, que lhe permita estar sempre na posição de poupador, e não na de devedor.

Se você está atolado em dívidas, é muito provável que viva fora de seu padrão de vida.

E acredite: isso não acontece apenas com você. Há milhões de pessoas na mesma situação, que, no entanto, preferem viver de aparências. É comum encontrar gente que se intitule "rica", mas que, na realidade, está totalmente "quebrada", endividada.

A maioria dos verdadeiros milionários não é exibicionista. Ao contrário, eles costumam ser discretos e ter hábitos simples, com exceção, é claro, das celebridades que dependem dos holofotes e ostentam um padrão de vida e de consumo fora do comum, para manter a aura de *glamour* em torno de si. Mas esse é um mundo de ilusão. Para ser sustentável financeiramente, é preciso viver dentro da sua realidade, e assim realizar sonhos mais consistentes.

A saúde de suas finanças depende de sua disposição em assumir a própria realidade. Para tanto, você deve perguntar-se frequentemente: "Consigo custear todos os meus compromissos financeiros ou sempre dependo de terceiros (instituições financeiras) para fechar o mês?"; "Minha casa, meu carro, a escola dos meus filhos, meu vestuário e meu lazer são itens que cabem tranquilamente no meu orçamento, ou sempre preciso fazer malabarismos para acompanhar o consumo das pessoas do meu círculo de convivência?".

Talvez você queira viver um padrão que não corresponda a seus rendimentos. Daí a dificuldade em manter todos esses gastos. Esse é o drama da classe média no Brasil, a maioria das pessoas está sempre na "corda bamba", tentando equilibrar os gastos para manter um padrão de vida que não pode custear.

Contudo, volto a dizer: não importa em que classe social você se enquadra, o fundamental é que você e sua família tenham sustentabilidade financeira. Para isso, é necessário que aprendam a viver dentro do padrão de vida que seus rendimentos permitem. Ou seja, a partir do seu ganho mensal líquido, você deve estabelecer suas prioridades, necessidades e sonhos para uma vida saudável e sustentável financeiramente.

O importante é que você tenha domínio sobre o que ganha e gasta.

Se os seus gastos são maiores ou iguais aos seus ganhos, é preciso buscar pela redução de excessos e desperdícios, para priorizar o que de fato é mais importante em sua vida. "Mas como vou fazer isso? Só se eu deixar de comer". "Mas então terei de abrir mão de meus prazeres. Eles já são tão poucos, e eu ainda preciso abrir mão deles?".

Minha resposta é: isso depende do resultado do seu diagnóstico financeiro. Por isso é tão importante cumprir à risca a etapa anterior: registrar diariamente todos os seus ganhos e gastos no Apontamento Financeiro, descobrindo de onde está vindo e para onde está indo cada centavo do seu dinheiro.

O que estou propondo agora é que, mesmo a caminho

dessa etapa, você já vá refletindo sobre seus hábitos. Assim, quando chegar a hora, seja qual for o resultado, você estará consciente de que precisará adequar seu padrão de vida e hábitos de consumo a uma nova realidade: a de quem deseja deixar para trás um passado como devedor, para conquistar um futuro como poupador.

É um erro comum as pessoas se fixarem nos números e, a partir deles, estabelecer um padrão de vida que não leva em conta outros fatores importantíssimos que precisam ser levados em consideração.

Veja o caso de duas pessoas que trabalham na mesma empresa e ganham o mesmo salário: 3 mil reais. Uma delas é solteira, sem filhos e mora com os pais. Resolve então comprar um carro zero-quilômetro, último modelo, comprometendo um terço do salário com a prestação.

A outra pessoa, com o mesmo salário, fixa-se no número que vem expresso no holerite e passa a achar que deveria ter o mesmo padrão de vida do colega, incluindo o mesmo tipo de carro. Afinal de contas, ambos ganham a mesma coisa. Só que essa segunda pessoa é casada, tem um filho e paga aluguel. Se ela usar a mesma estratégia para adquirir o automóvel, poderá estar inadimplente em pouco tempo.

Observe que, em nenhum momento, eu disse que essa pessoa

não poderia ter um carro igual ao do colega. Você verá que ela pode, sim. Contudo, é a estratégia que precisa ser mudada.

Quero deixar claro, com esse exemplo, que não é apenas o quanto você ganha que irá definir o padrão de vida que pode ter, mas quanto seu padrão de consumo afeta de maneira positiva ou negativa sua sustentabilidade financeira. Por isso é importante que você fique atento ao que compra, quando compra, como compra e por que compra.

Gastar menos do que ganha mensalmente é o segredo para poder reter parte de seu dinheiro, criando as reservas necessárias para um futuro próspero. Imagine-se vivendo sem a vulnerabilidade financeira na qual pode se encontrar hoje, com a segurança de que você está protegido caso algo inesperado ocorra ou oportunidades apareçam.

Não se trata apenas de uma questão de dinheiro. O que você terá em uma situação financeira de equilíbrio é paz de espírito, possibilidade de focar suas energias em algo muito mais prazeroso que o dinheiro. Se a sua saúde financeira estiver equilibrada, bem como sua capacidade de pensar em novos negócios, suas ideias, seu rendimento profissional e intelectual serão renovados.

Dinheiro gera dinheiro. Faça com que ele trabalhe para você!

Você já parou para pensar por que as pessoas independentes financeiramente parecem que estão sempre envolvidas em situações que lhes trazem mais dinheiro?

É porque elas estão com a saúde financeira plena, aproveitando oportunidades sem medo, com a segurança de estar amparadas, ou seja, com reservas financeiras suficientes para qualquer eventualidade. Por isso elas se arriscam, apostam e, muitas vezes, ganham.

Lembre-se: não importa o quanto você ganha, mas quanto é capaz de acumular, gerar riqueza a partir do que ganha. Mas, para isso, você precisa conhecer profundamente a sua situação financeira e observar de perto como são as suas ações e reações na hora de lidar com o dinheiro.

Olhando sem disfarces as atitudes e motivações que provocaram o seu desequilíbrio, será possível reverter mais rapidamente o estado em que você se encontra. Ter dinheiro também é uma questão de autoconhecimento. Quem não sabe quem é, o que quer e onde quer chegar, dificilmente consegue atingir uma situação de vitória financeira.

O importante é você ter consciência de que se esconder atrás de desculpas não trará a transformação necessária que busca na sua vida. Ao contrário, fará apenas com que você fique preso a uma situação que não está lhe fazendo bem. É uma questão de escolha. E para elucidar melhor a importância do padrão de vida, conheça seu conceito:

CONCEITO DE PADRÃO DE VIDA

"Padrão de vida é o agente regulador da vida financeira e ***flutua*** *junto ao* ***movimento da entrada e da saída*** *de dinheiro.*
Ele é determinado pelo ***comportamento*** *de nossas* ***escolhas****, independentemente do seu destino.*
Seu autor principal é o ***ganho*** *que norteia seu ponto de equilíbrio."*

PhD Reinaldo Domingos

Mapeie seu DNA FINANCEIRO

Nos encontros de Terapia Financeira e orientações sobre educação financeira, é muito comum encontrar pessoas que tiveram um passado financeiro relativamente regrado e, de um momento para o outro, se desequilibraram financeiramente.

Quando investigamos com mais profundidade as origens do problema, é comum encontrarmos as causas em um casamento com alguém cujo hábito financeiro era muito diferente; na chegada inesperada de um filho, que mudou as prioridades do casal; em uma guinada ou em uma decaída na vida profissional; na compra de um imóvel acima do poder aquisitivo; na compra de um veículo sem considerar o custo de manutenção; em uma separação inesperada; e assim por diante.

O que vejo mais frequentemente é que as pessoas são levadas pelos acontecimentos e, quando atingem uma situação financeira caótica, sequer compreendem direito como chegaram até ali. É justamente essa conscientização que pode mudar o rumo da sua vida. Portanto, procure, junto com as medidas práticas esboçadas neste livro, fazer uma reflexão sobre as razões que podem ter levado você a desenvolver esse comportamento inadequado.

Experimente, a título de autoconhecimento financeiro, traçar a sua árvore genealógica, investigando como era o comportamento dos seus pais, avós e bisavós em relação ao dinheiro. Caso você tenha filhos, netos e bisnetos, procure traçar a árvore até eles e verifique como seus parentes estão praticando esses comportamentos financeiros. Com isso, você talvez identifique de onde vieram o seu comportamento e suas principais verdades em relação ao movimento financeiro.

Observe, nessa investigação, qual foi o destino de cada um dos seus antepassados. Procure identificar se eles eram superendividados ou não, se tinham posses ou não, se tiveram uma vida digna ou passaram parte dela dependendo dos outros, mesmo que os outros sejam as instituições financeiras.

Com base nessas informações, você disporá de uma espécie de mapa do seu **DNA financeiro** e saberá se tem, ainda que potencialmente, a tendência de ir para um lado ou para o outro.

Faça uma autorreflexão analisando qual raiz dessa árvore genealógica financeira você quer se espelhar. Pois a única maneira de construir um futuro diferente é tendo conhecimento de como outros agiram antes de nós e observando os resultados que eles alcançaram, para seguir o mesmo caminho ou buscar outro rumo.

Depois de montar a sua árvore genealógica, procure também pensar sobre o seu comportamento em relação ao dinheiro, desde quando era criança.

Tente descobrir se você adotou o comportamento de hoje na adolescência, no início da vida adulta ou já na maturidade. Busque, a partir dessa lembrança, compreender qual foi o modelo que você tomou como exemplo, conscientemente ou não.

É muito importante que você perceba em que ponto da sua caminhada em que possa ter se desequilibrado. Só assim você poderá recuperar mentalmente seu equilíbrio e voltar a uma situação de prosperidade e crescimento sustentável, sem cometer os mesmos erros que seus antepassados possam ter cometido.

Construa sua "**árvore genealógica financeira**" e descubra em qual situação financeira seus antepassados viveram, seus sucessores possam estar vivendo, inclusive você: **superendividados, endividados, equilibrados financeiramente ou investidores.** Complete os espaços em branco da árvore com a situação financeira de cada geração de sua família. Caso não se lembre, procure pesquisar com seus parentes.

Superendividado	Perde a capacidade de pagamento de suas dívidas.
Endividado	Utiliza o crédito como aliado.
Equilibrado	Ganha e gasta tudo, não tem dívidas, mas não poupa.
Investidor	Gasta menos do que ganha, poupando uma parte.

Bisnetos:
Netos:
Filhos:
Eu
Pais:
Avós:
Bisavós:
INVESTIDOR IN
EQUILIBRADO EQ
ENDIVIDADO ED
SUPERENDIVIDADO SE

Após analisar seu DNA, você conseguirá refletir sobre o comportamento de seus parentes em relação ao dinheiro e os resultados alcançados por eles. Ao comparar esse passado com a sua situação no presente, você poderá descobrir que:

- Sua situação financeira tem origem no modo como seus antepassados lidavam com o dinheiro.
- Sua situação financeira não tem nenhuma relação com o comportamento dos seus antepassados.

Seja qual for o resultado dessa descoberta, o importante é que esse exercício ajudará você a perceber o papel do dinheiro na realização de sonhos e necessidades das gerações anteriores e posteriores a você.

Com essa consciência ampliada, você se sentirá mais motivado e disposto a começar a construir hoje uma história de mais prosperidade e equilíbrio.

Olhar para o passado é um requisito fundamental para quem deseja se educar financeiramente e garantir um futuro mais sustentável para seus sucessores.

Como já dissemos, a educação financeira ainda é um tema pouco discutido nos lares e uma espécie de tabu nas relações familiares. Em geral, o que acontece com mais frequência é virar um elemento de conflito, justamente por não ser discutido de forma aberta e transparente. Isso significa que, quanto mais luz você jogar sobre esse assunto, mais fácil vai ser lidar com essas questões daqui em diante. É preciso combater a causa do problema e não mais o efeito. E o melhor: resolvendo as suas próprias questões em relação ao dinheiro, você estará mais saudável e equilibrado para plantar a semente da prosperidade na sua casa, no seu ambiente de trabalho e em todas as comunidades das quais você possa vir a participar.

"Lembre-se: não importa o quanto você ganha, mas quanto é capaz de acumular, gerar riqueza a partir do que ganha."

Conheça seu "EU FINANCEIRO"

O processo de conscientização, ou o que eu chamo de descoberta do seu "Eu Financeiro", é fundamental nessa nova etapa de sua vida e precisa ocorrer em vários níveis. O primeiro passo é definir o período e anotar tudo e chegar aos números: quanto você gasta em cada um dos itens do Apontamento Financeiro e qual o impacto que cada atitude de compra tem em seu orçamento mensal; em outras palavras, saber quais são os gastos que desequilibram sua balança.

No entanto, somente os números não bastam. Você também precisa averiguar os padrões de comportamento que estão por trás dos números – e o Apontamento Financeiro lhe permitirá saber, por exemplo, com o que você gasta e em quais momentos, ou em que dias da semana ou do mês você gasta mais ou menos. É uma verdadeira revelação da sua vida financeira.

Vivemos em uma sociedade totalmente consumista, em que a maioria dos hábitos de consumo se baseia em padrões sociais. A todo momento, somos bombardeados – crianças, jovens, adultos e até mesmo "jovens há mais tempo" – com mensagens de "Compre! Compre! Compre!".

Comprar faz parte. Boa parte dos produtos e serviços à nossa disposição são fundamentais para nossa saúde, bem-estar e qualidade de vida. Sugiro, porém, que você faça uma análise do seu comportamento de consumo e mude, desde já, os hábitos que não fazem bem para a saúde financeira.

Ao registrar os gastos diariamente, é provável que você perceba uma série de compras absolutamente dispensáveis, que, no entanto, estão lá, inchando seu orçamento e consumindo seus rendimentos. Esse é um mal que você poderá atacar desde o primeiro momento em que decidir lidar melhor com seu dinheiro.

Nas compras durante o diagnóstico financeiro, é

importante observar seus hábitos de consumo com o cartão de crédito, principalmente anotando no apontamento financeiro o **valor total** consumido neste período, independentemente do número de parcelas. Isso te trará uma visão verdadeira dos seus gastos.

Observe tudo o que consome e em quais situações essas compras são feitas. Você provavelmente perceberá logo que, em diversos momentos, suas compras são motivadas pela busca de satisfação emocional, não da real necessidade de determinado produto. A partir de agora, pare e reflita antes de comprar.

Se você tem pouco tempo para seus filhos e sente-se culpado por isso, não se iluda. Entrar no cheque especial para comprar um brinquedo de última geração, a fim de compensar sua ausência, não é a solução. Fazer um esforço para chegar em casa um pouco mais cedo, nem que seja um dia por semana, com certeza irá melhorar essa situação e, ainda, preservar sua conta-corrente.

Caso seu parceiro não lhe dê a atenção que você merece, o melhor a fazer é sentar e tentar resolver essa situação juntos. Descontar a raiva que sente dele estourando todos os limites do cartão de crédito só fará com que você se sinta pior no final do mês.

Se os colegas de trabalho menosprezam sua competência, é possível que você precise rever a postura profissional que desenvolveu. De nada adiantará ficar com a corda no pescoço para manter o financiamento de um automóvel, esperando que, ao invejarem o carro que você tem, eles passem a admirá-lo ou respeitá-lo.

Em resumo: não tente comprar coisas que seu dinheiro não pode comprar. Tal atitude apenas lhe trará mais sensação de culpa, raiva, insegurança e, o que é pior, desequilíbrio financeiro.

Por isso, toda vez que for comprar algo, procure observar

o sentimento e a motivação por trás desse ato. Responda com sinceridade se você precisa daquele bem, naquele momento, ou se essa compra poderia perfeitamente ser adiada. Acredite: se adiar a compra por um ou dois dias, perceberá, na maioria das vezes, que não precisa, de fato, daquele item.

Muitas vezes, grande parte das compras se dá por impulso. Seja como forma de extravasar sentimentos, seja pela sensação de poder que o ato de comprar proporciona. É preciso que você deixe de se enganar e esteja determinado a mudar sua vida financeira. Mesmo que a sua saúde financeira seja a melhor possível, eu o aconselho a pensar duas vezes em toda e qualquer situação de compra. Caso sinta-se emocionalmente vulnerável, para evitar as compras por impulso, minha sugestão é:

- **Resista ao impulso: deixe para o dia seguinte, pois, se esse item for realmente necessário, você retornará depois para comprá-lo.**
- **Não compre nada que você não tenha certeza de que precisa e que realmente irá agregar algo à sua vida.**
- **Se for possível, experimente o bem desejado para ter certeza de que ele lhe agrada.**
- **Não leve dinheiro ou cartão de crédito ao sair de casa se não tem intenção de efetuar uma compra.**

- **Se não possuir dinheiro suficiente para comprar o que deseja, evite comprar a prazo.**
- **Verifique se esse gasto cabe em seu orçamento.**
- **Atenção ao seu celular e redes sociais, que quase sempre trazem oportunidades que nem sempre são favoráveis ao seu bolso.**

Isso vale desde uma guloseima até um automóvel. Não importa o preço. Importa o porquê do consumo. Se for por impulso, esqueça. Fazer uma reflexão sobre como essa moeda de troca chamada dinheiro interfere diretamente em nossos sentimentos é fazer uma terapia financeira que demanda, necessariamente, conhecimento e domínio sobre o próprio "Eu Financeiro". Ter domínio é mais que saber quanto você ganha e quanto gasta. É preciso sofisticar esse entendimento: saber quando gasta, com o que gasta e por que gasta. Com isso, você será capaz de despertar a capacidade adormecida que tem para gerir com êxito seus recursos e viver com prosperidade.

Além de diagnosticar sua movimentação financeira, também é preciso fazer um diagnóstico em suas dívidas, investimentos e patrimônio. Assim, conseguirá ter uma visão plena da sua verdadeira situação financeira. Trata-se de uma visão em 360º.

Neste pilar da **Metodologia DSOP**, você aprendeu a

diagnosticar de onde vem e para onde vai seu dinheiro e a identificar gastos em excesso e desperdícios. A partir da aplicação desse primeiro pilar da metodologia, você tem condições de enxergar melhor o que antes estava nebuloso em relação aos seus ganhos e gastos. O diagnóstico financeiro é o primeiro passo para, definitivamente, assumir o controle de sua vida financeira, e o segredo é levar isso a sério. Se o diagnóstico não for preciso, o resultado pode levá-lo para o caminho errado, como na medicina, em que um diagnóstico errado pode levar ao óbito. Feitas todas essas reflexões, vamos partir para o segundo pilar da **Metodologia DSOP**.

Para fecharmos o nosso pilar Diagnosticar, compartilho com você o:

CONCEITO DE DIAGNOSTICAR

*"Diagnosticar é buscar o **caminho do dinheiro percorrido.** É o instrumento real de poupar para os sonhos e as necessidades. Esse diagnóstico vai fazer com que você **descubra o seu EU Financeiro** e saberá exatamente de onde vem e para onde vai seu dinheiro em um período determinado."*

PhD Reinaldo Domingos

SONHAR

···· O eixo principal da vida ····

SONHE COM TUDO o que o dinheiro pode comprar

Alguém já disse que o homem é do tamanho dos seus sonhos. Na vida financeira não é diferente. O sonho é o combustível da transformação que você buscou neste livro. Você pode estranhar o fato de encontrar, no meio de uma metodologia para alcançar o equilíbrio financeiro, uma parte especialmente dedicada ao sonho. Acontece que, sem sonho, sem desejo, o ser humano simplesmente para de crescer, progredir e prosperar.

É muito comum encontrar pessoas que desistiram de seus sonhos porque estão financeiramente desequilibradas. O raciocínio costuma ser:

"Se não consigo nem pagar as contas básicas, como é que posso me dar ao luxo de sonhar com coisa melhor?". Isso é um grande equívoco.

Seja qual for sua situação financeira, é preciso que você sempre renove seus sonhos. Os sonhos são o combustível para que você possa seguir na caminhada, a motivação para superar os obstáculos.

Pode ser que agora seu maior "sonho" seja sair da dívida que não conseguiu pagar, mas isto não basta. É necessário traçar outros sonhos. Até porque, em breve, você estará saudável financeiramente. E isso significa que precisará rapidamente de novas motivações para impulsioná-lo a seguir em frente.

Em minha trajetória de vida, tenho me surpreendido com o fato de as pessoas mal saberem quanto ganham, quanto gastam ou como gastam, e que a maioria perdeu a capacidade de discriminar com nitidez quais são seus verdadeiros sonhos. Nas universidades por onde tenho palestrado, quando pergunto aos jovens: "Quais são seus sonhos?", o mais comum é ouvir a resposta: "Meu sonho é estudar, trabalhar e ter um bom emprego". Então repito que estudar, trabalhar e ter um bom emprego não é sonho, e sim uma necessidade para que por meio dela possa ampliar o meu conhecimento, e com isso ganhar mais dinheiro e realizar os meus sonhos. A maioria dos jovens não consegue ver além disso. Nossa juventude ainda está presa às necessidades básicas e, infelizmente, confunde o meio com o fim.

De fato, vivemos em um país onde a maioria ainda utiliza todo o seu potencial humano apenas para suprir suas necessidades de sobrevivência: ter um emprego e um salário. E, em geral, só quando detêm os meios é que as pessoas passam a sonhar com algo mais concreto. Pela lógica comum, o raciocínio estaria correto. Mas o dinheiro tem uma lógica própria.

Para atraí-lo para sua vida, é necessário que você seja capaz de sonhar primeiro, para conquistar depois. É fundamental, portanto, que visualize sua vida plenamente próspera. E, obviamente, faça a parte prática necessária para transformar seus sonhos em realidade.

É por isso que, na **Metodologia DSOP**, o sonho vem antes do recurso, antes do dinheiro. Você precisa sonhar mesmo que ainda não tenha condições de realizar o sonho. Alguém pode querer argumentar que isso é vender ilusão, mas não é. Isso é plantar a esperança, é fazer com que você, leitor, enxergue que, mesmo em uma situação momentânea de desequilíbrio, você não está condenado a viver uma vida sem sonhos. Ao contrário, você pode e deve continuar a alimentá-los.

Lembra do início deste livro, em que relato que primeiro sonhei com a bicicleta e somente depois fui buscar os meios para sua realização?

Eu costumo dizer que ter mais dinheiro só faz sentido se for para realizar sonhos, porque guardar dinheiro por guardar não leva a lugar nenhum. E isso não significa apenas sonhos materiais, no sentido restrito de sonhos de consumo, como se convencionou chamar. Também temos os sonhos não materiais, como é o caso de uma viagem, ou, ainda, contribuir com a realização de sonhos de terceiros.

Enfim, há uma lista infinita de sonhos que não são de

consumo e que, ainda assim, precisam de dinheiro para serem realizados. Daí a importância de ter uma vida financeira equilibrada e poder, como veremos adiante, poupar para realizar seus sonhos.

É importante ressaltar que os sonhos são, muitas vezes, confundidos com causas e propósitos. Você pode ter o desejo de se dedicar a uma causa humanitária, ou, ainda, o propósito de ajudar as pessoas sem qualquer tipo de remuneração. É o que chamamos de doação, e não de sonho.

“Quais são seus sonhos?”

ESCREVA seus sonhos

Entre os principais sonhos das pessoas estão: carro, casa própria, casa na praia, viagens, celular de última geração. Todavia, há um processo perverso que opera por trás disso.

Como grande parcela da população imagina que dificilmente poderá realizar sonhos mais ambiciosos, como ter uma casa na praia ou fazer uma viagem pelo mundo, a maioria gasta o que tem e o que não tem para obter pequenos objetos de desejo e, assim, ter a sensação de estar minimamente inserida na sociedade de consumo. Isso ajuda a explicar o fato de um jovem aprendiz comprometer todo o salário de um mês na compra de um tênis de marca ou de ter um celular de última geração, pago em 12 ou mais prestações fixas.

Meu objetivo, ao falar sobre os sonhos, é ampliar esse horizonte, a fim de incentivá-lo a voltar a sonhar ou a sonhar mais alto. E mais do que isso: ajudá-lo a criar as condições necessárias para transformar seus sonhos em realidade. Mas, para sonhar, é preciso desenvolver a capacidade de se projetar no futuro.

Sugiro que você esqueça por alguns momentos sua situação atual e faça essa viagem. Imagine o que deseja em sua vida para daqui a um ano, cinco, dez, vinte, trinta anos. Tente visualizar tudo o que pretende conquistar, como e onde você quer estar.

Dê uma pausa na leitura e concentre-se por alguns minutos. Feche os olhos, relaxe. Se possível, fique em contato com a natureza ou coloque uma música suave para fazer sua reflexão; esse é um momento só seu.

Talvez você nunca tenha parado para pensar de verdade em sua vida. Pergunte-se: "O que eu consegui conquistar até hoje em minha vida está de acordo com aquilo que eu sonhava?". Se sua resposta for positiva, parabéns por suas conquistas; mas se não conquistou até o momento, está na hora de mudar essa história. Para isso, faça algumas reflexões sobre seu futuro:

- **Em que situação financeira viverão meus filhos e meus netos no que depender de mim?**
- **Como estará a minha vida profissional até lá?**
- **Terei conquistado tudo o que almejo?**
- **Essas conquistas serão suficientes para que eu tenha uma vida tranquila no futuro?**
- **Entre essas conquistas está a necessidade de uma aposentadoria sustentável?**
- **Contarei com reservas para possíveis imprevistos e oportunidades?**

Independentemente das respostas que tais reflexões suscitarem no seu espírito, você certamente estará pensando nos seus sonhos, naquilo que já realizou e naquilo que ainda deseja realizar. Então, não perca a oportunidade de materializar esses sentimentos e pensamentos.

Pegue caneta e papel e escreva seus sonhos. Liste tudo aquilo que você ainda deseja conquistar na vida. Seus sonhos materiais e os não materiais também, não esquecendo de suas necessidades. Você sentirá na pele o quanto faz bem olhar para dentro de si mesmo e achar respostas, porque os seus sonhos, sejam eles quais forem, não estão mortos, por mais que sua vida financeira esteja caótica.

Provavelmente seus sonhos estão apenas adormecidos, soterrados pelas preocupações, escondidos sob a autoestima abalada, quem sabe, por momentos de dificuldade.

Estabeleça PRAZOS CONCRETOS

Para que esses sonhos fiquem ainda mais nítidos em sua mente, para que você os traga à tona definitivamente, estabeleça também os prazos em que você gostaria de vê-los realizados. Não pense no momento atual, na situação financeira tal como está agora; pense apenas no tempo ideal.

A seguir, analise sua lista e os prazos que você estabeleceu, separando os sonhos e as necessidades em curto, médio e longo prazos. Para o adulto, considere como **curto prazo** os sonhos e as necessidades que você deseja realizar em **até um ano; médio prazo, até dez anos; longo prazo, acima**

de dez anos. Já para as crianças, o **curto prazo em até três meses; médio prazo, até seis meses; longo prazo, acima de seis meses.**

Com essa atitude, você assumirá consigo o compromisso de realizar seu sonho em prazos concretos e palpáveis, em vez de ficar sonhando sem saber se, e quando, vai conseguir realizá-lo.

Depois desse encontro com os seus sonhos individuais, se houver oportunidade e abertura, sente-se com sua família e repita o exercício em conjunto com ela. Para isso, tenha o cuidado de escolher um momento de calma e harmonia e comece, como que de brincadeira, a incentivá-los a pensar nos sonhos que desejam realizar. Mesmo as crianças podem e devem ser envolvidas nessa dinâmica.

Listem os sonhos, projetem os prazos de uma forma consciente e realista. Depois separem os sonhos em individuais e coletivos.

Fazer uma viagem de férias ou uma reforma na casa, por exemplo, podem ser classificados como sonhos coletivos. Comprar uma TV nova para o quarto ou trocar de celular podem ser classificados como sonhos individuais de algum membro da família.

Com certeza vocês todos se surpreenderão ao conhecer os sonhos uns dos outros, e é muito provável que se sintam mais unidos depois dessa conversa. Porque sonhar em conjunto aproxima as pessoas. Torne esse momento prazeroso, sem cobranças.

Evite, por enquanto, falar em cortes de gastos. Concentre suas atenções no lado bom do sonhar e deixe para pensar depois nos mecanismos que serão adotados para tornar o sonho real.

Pode ser que você pense: "Mas de que adianta escrever meus sonhos e de meus familiares se não tenho dinheiro suficiente para realizá-los?".

Se esse pensamento lhe ocorrer, leia o que tenho a dizer com atenção: **você pode conquistar todos os sonhos que hoje considera inalcançáveis!**

Basta ter atitude em sua vida financeira daqui para a frente. É tudo uma questão de querer de fato e fazer o que precisa ser feito para chegar lá. Lembre: é preciso sonhar primeiro e partir em busca dos recursos, para realizar depois.

Saiba quanto CUSTAM SEUS SONHOS

Uma das razões que muitas vezes impedem as pessoas de realizar seus sonhos é não saber exatamente quanto eles custam. Você passa a vida inteira sonhando com uma viagem internacional. Julga apenas que é muito, muito caro. Fica com aquele sonho na cabeça, enquanto os anos passam, sem que em nenhum momento você tenha se dado ao trabalho de chegar mais perto do seu sonho e descobrir exatamente quanto ele custa. O tempo passa, você envelhece e aquele sonho tantas vezes acalentado vai se transformando em uma uma grande frustração, ou seja, um pesadelo.

Um dia, talvez, você encontre um velho conhecido que tenha tido um sonho como o seu na juventude, mas, diferentemente de você, descobre que ele conseguiu realizá-lo. O mais provável é que você se sinta com raiva do mundo e da vida, por achar que só você não teve oportunidade de se transformar em alguém realizado.

Se você não quer ter um destino assim, tem de valorizar seus sonhos e necessidades, escrevê-los, definir prazos para concretizá-los e... saber exatamente quanto eles custam! Simples assim, ou seja, precisa responder as perguntas mágicas para transformar sonhos e necessidades em realidade. Conheça a seguir as 5 perguntas estruturadas nos tempos de cada sonho e necessidade:

REGISTRO DE SONHOS E NECESSIDADES
Curto prazo (até um ano)
Qual é meu sonho?
Quanto custa meu sonho?
Em quanto tempo quero realizar?
Quanto vou guardar?
De onde vou tirar ou ganhar?
Médio prazo (de um a dez anos)
Qual é meu sonho?
Quanto custa meu sonho?
Em quanto tempo quero realizar?
Quanto vou guardar?
De onde vou tirar ou ganhar?
Longo prazo (acima de dez anos)
Qual é meu sonho?
Quanto custa meu sonho?
Em quanto tempo quero realizar?
Quanto vou guardar?
De onde vou tirar ou ganhar?

Digamos que seu sonho de curto prazo é adquirir uma TV de última geração. Imaginemos que você fez uma primeira pesquisa e verificou que a televisão sonhada custa 2 mil reais.

Vamos supor que você possa guardar 200 reais mensais para adquiri-la. O seu sonho será realizado, à vista, em 10 meses.

Pensemos em outro sonho, agora de médio prazo: fazer uma viagem de férias daqui a dois anos. Suponha que, entre passagens, hospedagem e alimentação, sua viagem custaria aproximadamente 6 mil reais. Digamos que você possa guardar 250 reais mensais. Nesse caso, a viagem será adquirida, à vista, dentro de 23 meses.

Imaginemos agora que seu sonho de longo prazo seja comprar a casa própria. Vamos supor que o imóvel desejado custe 150 mil reais, e que você possa guardar 500 reais mensais para adquiri-lo. A sua casa própria estará ao alcance das suas mãos, à vista, em quinze anos e quatro meses. Veja os exemplos a seguir:

COMO REALIZAR MEUS SONHOS							
Prazo	**Meu sonho é**	**Meu sonho custa (R$)**	**Número de parcelas (tempo)**	**Guardar por mês (R$)***	**Correção com juros (%)**	**Total acumulado (R$)****	**De onde vou tirar ou ganhar**
Curto	TV	2.000,00	10	200,00	0,5	2.045,61	Guloseimas
Médio	Viagem de férias	6.000,00	23	250,00	0,5	6.077,60	Consumo essencial
Longo	Casa própria	150.000,00	184	500,00	0,5	150.354,48	Mercado e renda extra

* A tabela mostra o valor poupado mensalmente corrigido com juros médios de investimento financeiro de 0,5% ao mês.

**É importante observar que para sonhos de médio e longo prazos é necessário acrescentar um percentual anualmente sobre o valor a ser guardado, um acréscimo de inflação, visto que, no caso de uma casa, por exemplo, terá aumento em seu preço de venda. Por isso o valor a ser guardado terá que receber anualmente um acréscimo para que se mantenha o poder de compra.

Registre abaixo seus sonhos, quanto custam, quanto guardará por mês, em quanto tempo irá realizá-los e qual a estratégia adotada para conquistá-los.

COMO REALIZAR MEUS SONHOS

Prazo	Meu sonho é	Meu sonho custa (R$)*	Número de parcelas (tempo)	Guardar por mês (R$)	Correção com juros (%)	Total acumulado (R$)	De onde vou tirar ou ganhar
Curto							
Médio							
Longo							

* Caso você já tenha todo o valor necessário para a realização do sonho, isso significa que o sonho já está conquistado, bastando apenas a sua realização. E assim, deverá ter um novo sonho para ser conquistado. Caso tenha parte do dinheiro necessário, considere sempre o restante que falta para alcançá-lo.

Observe que, nos três exemplos, o valor mensal é pequeno em relação ao todo, o que torna o sonho possível de ser conquistado, mês a mês. Talvez você esteja pensando: "Seria simples se eu tivesse uma sobra de dinheiro em meu orçamento, mas eu não tenho isso". Aqui chegamos a um ponto crucial da questão.

Seus sonhos não serão realizados se tudo o que você puder destinar a eles forem as sobras do seu dinheiro.

Seu sonho tem de ser a prioridade na sua vida e, como tal, merece o maior respeito e a maior dedicação possível da sua parte. Sua atitude para realizá-lo deve ser outra: "Como eu posso me organizar e adequar meu padrão de consumo para garantir a realização dos meus sonhos?". Essa deve ser a sua linha de raciocínio.

Agora que os seus sonhos de curto, médio e longo prazos estão claros na sua cabeça, é hora de começar o movimento necessário para torná-los realidade. Isto é, fazer com que eles caibam no seu orçamento e medir o tamanho do esforço que você precisará fazer para realizá-los.

Ainda assim, você pode argumentar que, mesmo que fizesse milagre, em nenhum momento poderia separar dinheiro de seus rendimentos para essa finalidade. Isso porque, digamos, tal como em um dos exemplos dados no início do livro, seu salário bruto é de mil reais (líquido 850 reais), o que evidentemente inviabilizaria a realização dos sonhos.

No caso da casa própria de 150 mil reais, é fato que ganhando um valor de mil reais bruto, guardar 500 reais por mês pode ser inviável. Mesmo nestes casos, é preciso não desistir dos sonhos e buscar por alternativas para que eles se realizem, como redução dos gastos do cotidiano, aumento de ganho por meio de renda extra, ou, ainda, alongamento dos prazos dessa conquista.

Observo que se faz necessário corrigir estes valores mensais guardados anualmente, para que possa garantir o poder de compra da casa. Não importa o tamanho e o valor dos seus sonhos. Com atitude, você pode realizá-los. Tudo dependerá diretamente do grau de esforço que você estiver disposto a fazer. E também do envolvimento familiar.

Para fecharmos o nosso pilar Sonhar, compartilho com você o:

CONCEITO DE SONHOS

"Sonho é um agente motivador que nos mostra o caminho e o verdadeiro sentido da vida e, com ele, nos sentimos empoderados para realizá-lo."

PhD Reinaldo Domingos

ORÇAR

···· A análise do caminho ····

Incorpore a PRÁTICA DO ORÇAMENTO

Quando se fala em orçamento financeiro, a maioria das pessoas pensa da seguinte forma: "Ter um orçamento sob controle significa analisar o que se ganha e subtrair o que se gasta. Caso sobre dinheiro, estou bem. Se faltar, estou mal e vou ter de compensar essa ausência no próximo mês". É claro que é importante registrar o dinheiro que entra e o dinheiro que sai!

Mas isso não basta! Se você quer fazer boas escolhas financeiras, precisa aprender a priorizar sonhos e necessidades. Ou seja, direcionar o seu dinheiro para a sua realização pessoal e familiar, acima de tudo.

IMPORTANTE

É muito comum as pessoas confundirem o pilar Orçar com pedir três orçamentos para comprar qualquer coisa. Você já deve ter passado por isso, ou, ainda, pode até ontem ter praticado esse ato: "Senhor/Senhora, pode me passar um orçamento deste ou daquele produto?".

Por se tratar de um pilar de análise, ele não tem a finalidade de buscar preços, e sim de receber aquilo que foi negociado na compra como fato já consumado. A expressão correta quando queremos comprar algo, pesquisar alguma coisa, é cotação ou proposta. Também tem como objetivo simular situações futuras, o que chamamos de orçado, planejado, projetado.

O Orçamento Financeiro DSOP traz uma grande novidade em relação a esse comportamento: a priorização dos sonhos e necessidades, levando à alteração da ordem dos fatores. Isto é, registrar o ganho, subtrair o valor necessário para a realização dos sonhos e das necessidades e, a partir do saldo, adequar os gastos. Agindo dessa forma, você certamente terá mais motivação para cortar os gastos em excesso ou desperdícios e adequar seu padrão de consumo. Por uma razão muito simples: seus sonhos, aqueles desejos que realmente importam para você e sua família, estarão preservados e protegidos.

Veja no modelo a seguir um orçamento financeiro comum comparado ao Orçamento Financeiro DSOP:

	DESCRIÇÃO	ORÇAMENTO COMUM ANTES (R$)	ORÇAMENTO DSOP (R$)*
	+ Ganhos (salário, pró-labore, outros)	1.800,00	1.800,00
	(-) Necessidade – independência financeira	0,00	50,00
	(-) Sonho (curto prazo) – câmera fotográfica	0,00	30,00
	(-) Sonho (médio prazo) – viagem (local)	0,00	70,00
	(-) Sonho (longo prazo) – casa própria	0,00	100,00
	(-) Prestações/dívidas	0,00	40,00
	(-) Reserva financeira estratégica	0,00	20,00
	= SALDO ANTES DOS GASTOS	**1.800,00**	**1.490,00**
RESIDÊNCIA	Água	60,00	50,00
RESIDÊNCIA	Energia elétrica	70,00	60,00
RESIDÊNCIA	Telefone	95,00	80,00
RESIDÊNCIA	Mercado	330,00	300,00
RESIDÊNCIA	Manutenção da residência	40,00	40,00
PESSOAL	Transporte	170,00	140,00
PESSOAL	Medicamento	35,00	35,00
PESSOAL	Convênio médico	90,00	90,00
INSTRUÇÃO	Faculdade	450,00	300,00
INSTRUÇÃO	Cursos de idiomas	110,00	80,00
INSTRUÇÃO	Material escolar, xerox etc.	15,00	15,00
OUTROS	Lanches	55,00	30,00
OUTROS	Roupas e calçados	150,00	50,00
OUTROS	Cosméticos, cabeleireiro etc.	80,00	50,00
OUTROS	Diversão e lazer	120,00	50,00
OUTROS	Gorjetas	20,00	10,00
OUTROS	Almoço, lanche, café etc.	40,00	20,00
	(-) Total de gastos	1.930,00	1.400,00
	SALDO DO MÊS	**-130,00**	**90,00**

* Após Apontamento Financeiro.

Imagine se você tivesse aprendido e praticado isso desde criança, desde o seu primeiro salário! Calcule quantos sonhos você foi deixando pelo caminho e poderiam ter sido realizados! Imaginou? Então, deixe o passado no passado e comece a construir agora o seu futuro, um futuro pleno de realizações.

É importante observar que, ao priorizar os seus sonhos, o ideal é projetar pelo menos um de curto, um de médio e um de longo prazo. A tendência natural é que você, movido pelo imediatismo que o comandou durante toda a vida, queira focar na realização do sonho de curto prazo e não se importe tanto com os de médio e longo prazo. Acontece que, se você guardar dinheiro apenas para um sonho de curto prazo, é muito provável que acabe buscando um atalho para a realização dos sonhos de médio e longo prazo, na maioria das vezes lançando mão de financiamentos e empréstimos, isto é, utilizando um dinheiro que você não tem.

É uma mudança significativa no modo de lidar com o orçamento? Sem dúvida. Mas é necessário mudar seus hábitos e costumes para criar uma nova cultura em sua vida financeira. Guardar dinheiro para os três sonhos, simultaneamente, é imprescindível para garantir a realização de todos eles.

Faça uma *BLITZ* NO SEU CONSUMO

Você pode estar pensando: "Mas se eu deduzir do meu ganho, as minhas necessidades, meus sonhos, as minhas prestações e ainda a reserva estratégica, como vou fazer para honrar meus gastos do mês?". Para que todos esses novos itens caibam no seu orçamento, você deverá adequar seus hábitos de consumo. Como? Começando pelo diagnóstico e fazendo a análise e os ajustes necessários em cada tipo de gasto identificado no Apontamento Financeiro. Acredite: o dinheiro de que você precisa para adquirir a autonomia financeira e realizar seus sonhos não depende somente de aumento de salário, promoção ou de tirar a sorte grande e ganhar na loteria. Basta apenas fazer uma *blitz* em seu padrão de consumo.

Pesquisas mostram que pessoas que ficam milionárias de uma hora para outra, em sua maioria, voltam a ser pobres em pouco tempo. Por quê? Eis a razão: não estão educadas financeiramente. Vale frisar o seguinte: não importa quanto você tem, mas como gasta o que tem. Não importa o valor de seu salário, mas a forma de lidar com ele. Acredite: mais vale uma pessoa educada financeiramente com sonhos e necessidades definidos a curto, médio e longo prazos do que um controle financeiro.

Seguindo as recomendações feitas até aqui, você certamente terá, após os primeiros trinta, sessenta e noventa dias, uma situação financeira mais saudável. Ao anotar, diariamente, por um período definido, os gastos por tipo, você perceberá de forma cada vez mais nítida quais eram as frestas pelas quais seu dinheiro estava escapando. E, ao saber disso concretamente, é natural que você comece quase automaticamente a mudar seus hábitos.

Adeque seu NOVO ORÇAMENTO financeiro

Digamos que sua nova estrutura financeira seja: ganhos deduzidos do valor necessário para a realização das suas necessidades, como a independência financeira e os seus sonhos, menos os compromissos já assumidos de prestações e a reserva estratégica. Esse deverá ser o saldo para os seus gastos. Isso mesmo! A partir deste momento, você precisa estar conscientizado e firmar o compromisso consigo mesmo de viver com esses recursos, não esquecendo que sua família deve estar envolvida com os mesmos ideais. Como? Reduzindo, se necessário for, tudo, absolutamente tudo o que for consumir.

O mais provável é que você diga: "Impossível, já gasto o mínimo do mínimo". E eu respondo que você está enganado. A mudança aqui proposta começa por aprender a comprar melhor, a preços mais acessíveis, em condições que caibam no orçamento. Uma estratégia simples e eficaz é rever um a um todos os gastos, renegociar valores, trocar de marcas e empresas, se for o caso, optar por serviços e produtos similares que lhe permitam alcançar a redução de gastos almejada.

Garanto que, ao tomar essas atitudes, você se surpreenderá com os resultados e se perguntará: Por que não fiz isso antes? É tudo uma questão de tomada de atitude. Basta ter coragem e sinceridade de olhar para os seus verdadeiros números (Apontamento Financeiro) e se perguntar, valor a valor, se poderia ter gastado menos, e como teria conseguido isso. Não se esqueça de envolver a família nesse movimento.

Faça a si mesmo algumas perguntas:

- **Para onde vai a maior parte dos meus ganhos?**
- **Quais são meus principais gastos?**
- **Todos esses gastos são necessários?**
- **Em que eu poderia reduzir meus gastos?**
- **Quais gastos eu poderia simplesmente eliminar?**

Reflita seriamente sobre essas questões. Com isso, você estará se preparando para o próximo passo.

Lembre-se de que, às vezes, é necessário cortar calorias para ter uma saúde física equilibrada. Da mesma forma, às vezes, é preciso cortar gastos para equilibrar a saúde financeira.

Para algumas pessoas, cortar os doces é suficiente para entrar em forma. Já outras precisam evitar também massas e gorduras. Do mesmo modo, para alguns bastará fazer pequenos ajustes. Outros, no entanto, terão de realizar mudanças mais radicais. A operação vai requerer maior ou menor esforço, e tudo depende de seu condicionamento financeiro atual.

"A mudança aqui proposta começa por aprender a comprar melhor."

SEJA FIEL A SEU SONHO não ultrapassando seu orçamento

Para ter o domínio do dinheiro que entra e do dinheiro que sai, é fundamental que você seja capaz de não ultrapassar seus limites financeiros. O problema é que a maioria das pessoas enxerga o orçamento como uma camisa de força. Elas imaginam que terão de viver de maneira sacrificada por longos períodos ou por toda a vida, e é justamente o contrário. Quanto maior for sua capacidade de respeitar o dinheiro, maior será sua autonomia.

Outro diferencial da **Metodologia DSOP**: quando o sonho vem em primeiro lugar, a motivação para viver dentro do seu padrão de vida torna-se algo natural e prazeroso, pois você se sentirá recompensado pelos esforços que fizer.

Algumas pessoas sentem isso de forma tão intensa que, quando percebem, já atingiram o patamar de adequação do seu orçamento financeiro e, ainda assim, continuam batalhando para diminuir os gastos cada vez mais. Isso acontece porque a lógica se inverte. O prazer de gastar é substituído pela satisfação de ver seus sonhos sendo realizados, ou cada vez mais próximos de se realizarem.

Muitas vezes, deixamos de fazer esses esforços porque não temos sonhos e necessidades claros. Mas agora você tem. Você sabe quais são. Calculou o valor e o tempo necessários para realizá-los. Agora, todo e qualquer ajuste possível será um tijolo a mais na construção do seu projeto de vida.

Mesmo assim, você pode até pensar: "A **Metodologia DSOP** deve servir para os outros, mas não para mim. Minha situação é muito mais complicada". A tendência natural do ser humano é achar que os problemas dele são os maiores do mundo, que as dificuldades dele são as mais significativas e intransponíveis. No entanto, eu disse e repito: qualquer que seja sua situação, é possível mudar o quadro a seu favor e conquistar a autonomia e sustentabilidade financeira.

Projete seu ORÇAMENTO anual

Ao chegar a este ponto, você já está munido de todas as principais ferramentas para combater o desequilíbrio financeiro. Essas ferramentas serão sua proteção daqui para a frente. Para se manter na rota, sem desviar de seus sonhos e necessidades, é importante que você acrescente às recomendações dadas até aqui no orçamento anual.

Um dos erros que contribuem para o desequilíbrio da saúde financeira é a falta de visão a médio e longo prazos. Quanto maior a dificuldade, maior a tendência de viver apenas o presente, ou seja, aquela história de vencer o dia (ou o mês) e deixar para se preocupar com o amanhã quando o amanhã chegar.

Claro que não estou sugerindo que você se preocupe ou que entre em um ciclo de ansiedade. É justamente o contrário. O que você precisa é projetar o orçamento para renovar a cada dia, a cada mês, sua disposição de seguir na realização dos seus sonhos e necessidades. Então, utilizando as ferramentas disponíveis até aqui, projete um Orçamento DSOP contemplando 12 meses, não esquecendo dos gastos sazonais, como, por exemplo: datas comemorativas, impostos – IPVA, IPTU – material escolar, seguro, entre outros, que deverão estar provisionados nos respectivos meses. Agora você já tem todos os dados necessários para fazer isso – sabe quanto ganha, quais são seus bens móveis (como carros, motos, joias, computadores e obras de arte) e imóveis (como casas, apartamentos, terrenos, sítios e chácaras), quanto deve reservar para seus sonhos e necessidades, o comprometimento com as prestações/dívidas e quanto terá para suportar seus gastos do cotidiano.

Com todas as informações interiorizadas, com a consciência plena das implicações de cada um desses itens na qualidade de sua vida financeira, você dispõe de toda a motivação necessária para dar a volta por cima e virar o jogo. Você se sentirá novamente no controle da sua vida. A cada nova pequena conquista, você terá seu ânimo renovado para seguir em frente, então compartilhe isso com a família e mostre que o caminho realmente é este, o de se educar financeiramente.

Para que fique materializado na sua mente o novo jeito de praticar o orçamento financeiro, segue o Modelo do Orçamento Financeiro DSOP.

MODELO DE ORÇAMENTO FINANCEIRO DSOP

		Janeiro	Fevereiro	Março...
ENTRADAS	**Ganhos**			
	Renda ativa			
	Salário			
	Renda passiva			
	Previdência privada			
PRIORIDADES	**Longevidade**			
	Aposentadoria complementar			
	Sonhos			
	Curto			
	Médio			
	Longo			
	Prestações mensais			
	Provisão de gastos anuais			
	Reserva estratégica			
SAÍDAS	**Gastos**			
	Família			
	Locomoção			
	Educação			
	Pessoal			

Para concluir o pilar Orçar, aprenda o:

CONCEITO DE ORÇAMENTO FINANCEIRO DSOP

"É um instrumento que nos faz enxergar o ontem, o hoje e o amanhã. Com ele podemos corrigir hábitos já praticados, desenvolver novo jeito de fazer e alinhar as expectativas futuras. Podem-se priorizar, por meio dele, propósitos, sonhos e necessidades."

PhD Reinaldo Domingos

POUPAR

···· A proteção ····

O CARIMBO

Poupar é o ato de guardar e/ou deixar de gastar dinheiro. Também podemos usar como sinônimos: reter, proteger, salvar, separar e alocar.

Na **Metodologia DSOP**, como já dito anteriormente, o eixo central é o Sonhar, e, para tanto, no pilar Poupar, trago como grande diferencial o Carimbar o dinheiro poupado. Muitas pessoas até dizem que poupam e guardam recursos financeiros, mas por ausência do destino, da identificação do porquê estão guardando, acabam gastando em outros lugares. Por isso esse **Carimbar o dinheiro dos Sonhos e das Necessidades.**

Quando praticamos o Poupar, guardando dinheiro para

sonhos e necessidades, é preciso ficar atento ao Tempo destes, isto porque é usual às pessoas guardarem esse dinheiro sem destino e também sem definir o Tempo que esse dinheiro ficará guardado.

O Tempo dentro da educação financeira é um fator predominantemente vital à luz da realização dos sonhos.

Visto que é ele que definirá em que lugar será guardado esse dinheiro poupado, se a curto, médio ou longo prazos.

É muito comum haver dúvidas quando falamos do ato de Poupar; as pessoas geralmente confundem com o ato de Investir. E esses atos até têm similaridade, porém, são diferentes. Poupar, como já falamos, tem como grande objetivo guardar e/ou deixar de gastar o dinheiro ganho; já investir tem como papel fundamental fazer com que o dinheiro poupado se potencialize, se multiplique e cresça, contribuindo para que o Tempo de realização dos Sonhos e das Necessidades seja menor. E, ainda, tem a finalidade de repor (parcial ou total) a perda inflacionária, ou seja, o poder de compra.

Trata-se também de um pilar de ação, assim como no pilar Diagnosticar. Ambos exercem papéis similares. No Diagnosticar, busca-se pela fotografia do "Eu Financeiro" ao atacar os gastos e fazer com que estes sejam reduzidos.

No Poupar, busca-se defender o dinheiro economizado nas ações do Diagnosticar.

Por serem pilares de ação, sua sincronicidade norteia o equilíbrio entre ataque e defesa.

Não resolveria Diagnosticar atacando os gastos se também não praticar o Poupar defendendo essas economias, ambos em prol dos sonhos e das necessidades. Essa prática de somente apurar o movimento financeiro e não destinar os resultados a sonhos e necessidades é a prática das Finanças Pessoais.

E para elucidar e ratificar a importância do poupar junto à Educação Financeira, apresento o:

CONCEITO DE POUPAR

"Poupar é o ato de ***empreender os recursos financeiros****, ou não, provenientes do ganho e do gasto. Sua essência visa* ***proteger*** *por meio de* ***reservas financeiras*** *o* ***destino*** *do hoje,* ***amanhã*** *e* ***depois****."*

PhD Reinaldo Domingos

“Poupar tem como grande objetivo guardar e/ou deixar de gastar o dinheiro ganho.”

A importância da RESERVA FINANCEIRA

Volto à pergunta lá do início do livro: "Se, a partir de hoje, eu não tivesse mais o meu ganho mensal, por quanto tempo conseguiria manter meu padrão de vida?".

É óbvio que não desejo que você venha a ter uma perda que o impeça de se sustentar. No entanto, é minha obrigação alertá-lo para essa possibilidade da forma mais enfática possível, e por uma razão muito simples. Nossa cultura é marcada por um predominante descaso com o amanhã. Eu diria que a maioria das famílias vive apenas o momento presente, está presa ao imediatismo e não consegue se programar para viver o futuro com qualidade de vida e saúde financeira.

Até pode ser que você tenha hoje uma situação confortável, mas já parou para pensar em quais são as garantias de que terá condições de manter seu padrão de vida atual até o fim da vida? Se sua resposta for: "Sim, consigo manter meu padrão de vida e de minha família por mais dez anos, ou até mesmo por toda a vida", meus parabéns! Você é certamente membro de um seleto grupo de pessoas que, de alguma forma, foi capaz de se estruturar e conservar a saúde financeira.

Contudo, se sua resposta for "Não, eu conseguiria no máximo me segurar por alguns meses", então você realmente precisará rever a forma de reter parte de seus ganhos. Mesmo que tenha iniciado sua vida profissional há pouco, precisa guardar uma parte do que ganha para que possa se manter caso não tenha mais ganho mensal. Ou seja, terá de fortalecer suas defesas contra os imprevistos e, principalmente, a continuidade de uma vida saudável e sustentável financeiramente. Aqui chamarei sua atenção para um quadro alarmante. No Brasil, segundo pesquisa divulgada pelo Instituto Brasileiro de Geografia e Estatística (IBGE), em 2006, 46% dos aposentados dependem de parentes para se sustentar, enquanto 28% dependem de caridade, 25% são obrigados a continuar trabalhando para sobreviver e apenas 1% tem independência financeira. Isso não mudou muito de lá para cá, somente se agravou.

Para você, que deseja um futuro diferente, o momento de dar início à criação desse futuro é agora, começando imediatamente a poupar, adotando o hábito de guardar uma parte dos rendimentos antes mesmo de sair pagando ou comprando qualquer coisa que seja. Essa é a semente necessária para conquistar a independência financeira (aposentadoria sustentável).

É claro que, se você já faz isso, mesmo que de uma forma não sistemática, certamente já está em uma melhor situação. Entretanto, se você, tal como a maioria das pessoas, não poupou um único centavo do que recebeu ao longo da vida, tem de rever esse comportamento e iniciar uma mudança de atitude agora, porque, se a expectativa de vida continuar aumentando como nas últimas décadas, há uma perspectiva real de que você viva mais de 100 anos. Pense nisso, calcule quantos anos você ainda tem pela frente para lidar com o dinheiro que passará por suas mãos e veja que você ainda tem muito, mas muito tempo mesmo pela frente e, portanto, pode escrever uma nova história a partir de agora.

Faça essa reflexão calculando o seu rendimento aproximado dos últimos anos de trabalho (perceba que é um volume grande, independentemente de seus rendimentos), e depois pergunte-se quanto desse volume você poderia ter guardado ao longo da vida. Garanto que você levará um enorme susto. Sabe por quê? Porque as pessoas estão perdendo por completo a noção do valor do dinheiro.

Isso se dá, principalmente, pelas características do mundo consumista e imediatista em que vivemos. Há muitos produtos à venda e cada vez mais "facilidade" para adquiri-los. Daí a endividar-se até o pescoço, comprando desenfreadamente, sem se preocupar em poupar uma parte que seja do que ganha, é um passo.

Neste momento você pode argumentar: "Realmente não tenho dinheiro guardado, mas possuo um automóvel, uma casa, um terreno". É claro que você está de parabéns por suas conquistas, já que há muitas pessoas que não conseguiram sequer um teto para morar.

Todavia, sinto dizer que veículo e casa própria, por exemplo, não são exatamente bens que rendam dinheiro. Trata-se de bens que nos trazem qualidade de vida, mas para mantê-los é preciso gastar dinheiro.

Você pode e deve tê-los em seus planos, se seu orçamento

lhe permitir. Porém, é importante ter consciência de que só o dinheiro guardado, poupado, pode, de fato, ser considerado um investimento de liquidez capaz de conduzi-lo à independência financeira – gerando renda passiva para garantir seu atual padrão de vida e sua sustentabilidade financeira no futuro.

E, por isso, apresento o conceito de reserva financeira:

CONCEITO DE RESERVA FINANCEIRA

"Trata-se de um recurso financeiro, cuja finalidade é blindar sua vida pessoal e profissional."

PhD Reinaldo Domingos

"Quanto de dinheiro você tem guardado, aplicado, reservado, para viver com sustentabilidade e qualidade de vida no futuro?"

Saiba quanto você DEVERIA TER POUPADO até hoje

Veja a seguir a simulação de uma pessoa que tem 30 anos de idade e quer se aposentar aos 60 anos. Seu rendimento mensal atual é de 1.800 reais por mês. Digamos que essa pessoa guardasse 360 reais mensais. Atualizando o valor poupado mensalmente, em 6% ao ano (inflação), e investindo com juros de 0,5% ao mês:

TABELA DE INDEPENDÊNCIA FINANCEIRA	
Idade da aposentadoria	60
Ganho mensal	R$ 1.800,00
Valor inicial depositado mensalmente	R$ 360,00
Acréscimo (anual) no valor depositado (inflação)	6%
Rendimento mensal da aplicação	0,5%
Valor total poupado aos 60 anos	R$ 730.080,00
Rendimento mensal	**R$ 3.650,40**

Observe que, nessa simulação, a pessoa ultrapassaria o valor necessário para conquistar sua independência financeira por volta dos 60 anos; veja, na página 150, na simulação do Gráfico da Construção da Independência Financeira no 30º ano. A conta é simples. Mas, para que ela chegasse a essa independência, teria de ter perseverança.

Repare também que o montante que ela precisaria acumular seria de 730.080 reais, o que resultaria em rendimentos mensais no valor aproximado de 3.650 reais, que corresponde ao dobro de seu rendimento mensal.

Conclusão: a pessoa conseguiria manter seu padrão de vida no valor de 1.800 reais e ainda poderia continuar se capitalizando com a diferença entre os juros ganhos e o padrão de vida.

Vale lembrar que trata-se de uma simulação. Isto é, uma representação de como uma pessoa poderia atingir a independência financeira. Porém, ressalto que uma pessoa não ganharia 1.800 reais por mês a vida toda. Esse valor pode oscilar para mais como também para menos. Por isso, a **Metodologia DSOP** propõe que se realizem reuniões e decisões periódicas quando houver algum tipo de mudança nos ganhos da família, como ensinamos no pilar Diagnosticar.

Se a mudança for para mais, é interessante fazer novos cálculos, que lhes possibilitarão uma sustentabilidade financeira. Caso seja para menos, os cálculos ajudarão a pontuar quais são os gastos em excesso e os cortes necessários.

GRÁFICO DA CONSTRUÇÃO DA INDEPENDÊNCIA FINANCEIRA

Ano	Total aplicado	Total aplicado + rendimento
1º ano total	4.320,00	4.400,80
2º ano total	4.579,20	9.421,95
3º ano total	4.853,95	14.992,76
4º ano total	5.145,19	21.206,55
5º ano total	5.453,90	28.120,94
6º ano total	5.781,13	35.798,17
7º ano total	6.128,00	44.305,48
8º ano total	6.495,68	53.715,47
9º ano total	6.885,42	64.106,49
10º ano total	7.298,55	75.563,08
11º ano total	7.736,46	88.176,45
12º ano total	8.200,65	102.044,95
13º ano total	8.692,69	117.274,62
14º ano total	9.214,25	133.979,78
15º ano total	9.767,11	152.283,59
16º ano total	10.353,13	172.318,75
17º ano total	10.974,32	194.228,19
18º ano total	11.632,78	218.165,83
19º ano total	12.330,75	244.297,38
20º ano total	13.070,59	272.801,20
21º ano total	13.854,83	303.869,23
22º ano total	14.686,11	337.708,01
23º ano total	15.567,28	374.539,70
24º ano total	16.501,32	414.603,24
25º ano total	17.491,40	458.155,58
26º ano total	18.540,88	505.472,97
27º ano total	19.653,33	556.852,35
28º ano total	20.832,33	612.612,87
29º ano total	22.082,49	673.097,65
30º ano total	23.407,44	738.674,65
Total geral	**341.531,36**	**738.674,65**

Agora vejamos alguns exemplos de gastos cotidianos que, se fossem cortados, fariam uma grande diferença na conquista da necessária independência financeira.

O VALOR DO DINHEIRO

Gastos	20 anos	30 anos
R$ 1,00 por dia (por 30 dias)	R$ 13.861,23	R$ 30.135,45
R$ 4,00 por dia (por 30 dias)	R$ 55.444,91	R$ 120.541,81
R$ 50,00 (por 4 semanas)	R$ 92.408,18	R$ 200.903,01

Taxa de juros de 0,5% ao mês.

Se você se assustou com os números, acalme-se. Isso acontece com a maioria das pessoas. É difícil encontrar alguém que saiba, verdadeiramente, o valor de seu dinheiro. Em vez de se lamentar por ganhar "x" ou "y", procure pensar em quanto poderia viver melhor se tivesse o hábito de poupar dentro da sua faixa de rendimento. Esses exemplos são reais, e os números impressionantes são plenamente alcançáveis. Imagine que o gasto de 50 reais por semana com pizza ou gastos equivalentes, no período de 30 anos, capitalizado a 0,5% ao mês, somaria um montante de 201 mil reais – lembre-se de que esses valores são exemplificativos e não tiveram tributação de imposto de renda. Portanto, é preciso saber que, quaisquer que sejam seus gastos, eles representam ao longo de muitos anos um montante relativamente grande, como diz o antigo ditado: **"Dinheiro não aceita desaforo"**.

Imagine a diferença de qualidade de vida que você teria hoje se soubesse que tem 201 mil reais guardados! Faça uma outra comparação com relação à simulação anterior, na qual, para se tornar independente financeiramente, a pessoa precisaria acumular 720 mil reais. Apenas com essas economias semanais, ao longo de 30 anos – logicamente corrigidas ao longo deste tempo, até porque uma pizza não custaria o mesmo valor por todo esse período, não é mesmo? –, poderia já ter ultrapassado 25% do valor pretendido. Isso não significa que você precisa ficar trinta anos sem comer pizza! É claro que você pode comer pizza. Mas não seria mais saudável (em todos os sentidos) substituir o hábito semanal pelo consumo quinzenal ou mensal? E somar a esse esforço duas ou três mudanças de hábito parecidas já seria suficiente para garantir parte da sua independência financeira. Pense nisso!

Com esse exemplo, quero chamar sua atenção para um aspecto que tem muita relação com outro dado de nossa cultura, que precisa ser mudado: o desperdício. Toda vez que compramos algo e nos arrependemos; toda vez que jogamos algo fora, porque ninguém comeu ou usou; toda vez que compramos mais caro um produto, que depois encontramos pela metade do preço em outra loja, estamos desperdiçando dinheiro, atirando pela janela o resultado do nosso trabalho.

É comum as pessoas confundirem o hábito de "poupar" com ser mesquinho. Poupar não significa não gastar em hipótese alguma. Poupar é também não desperdiçar, não perder, gastar com moderação e saber comprar, como veremos mais à frente.

Acredite, cada desperdício seu no dia a dia representa dezenas, centenas, milhares e milhões de reais jogados fora – dinheiro que poderia ser empregado na realização dos seus sonhos e na concretização da saúde financeira.

Este é o momento de parar, refletir e mudar. Transformar os hábitos para gerar riqueza, e não apenas para gerar montanhas de lixo, porque é no lixo, na maior parte das vezes, que vão parar os bens e produtos que você compra sem necessidade.

- **Quem conhece os próprios números é capaz de gastar menos do que ganha.**
- **Quem gasta menos do que ganha é capaz de eliminar excessos e desperdícios.**
- **Quem elimina seus excessos e desperdícios é capaz de guardar dinheiro.**
- **Quem guarda dinheiro constrói sua independência financeira, realiza sonhos e pode oferecer maior conforto aos seus familiares.**

Saiba quanto você DEVERÁ POUPAR a partir de hoje

Para que você sinta de forma mais intensa o impacto que essa mudança pode trazer à sua vida, proponho que faça o cálculo de quanto deveria ter poupado até agora para se considerar no caminho da independência financeira. Mas, independentemente do resultado, fique tranquilo e entenda que você agora tem a **Metodologia DSOP** do seu lado e, certamente, conseguirá obter êxito. Veja o exemplo de uma pessoa que iniciou sua jornada de trabalho aos 18 anos de idade. Hoje, com 40 anos, ganha 1.800 reais por mês (totalizando 21.600 reais por ano). Entendendo que teve uma variação no seu ganho desde o seu primeiro salário até o presente, poderemos ter um salário médio de mil reais mensais (totalizando 12 mil reais por ano). Veja abaixo o quanto ela poderia ter acumulado de dinheiro se resolvesse guardar 10% de todo o seu ganho.

CALCULE QUANTO DEVE TER DE DINHEIRO HOJE

Anos trabalhados (x)	Ganho médio anual (=)	Resultado	x 10% Valor poupado que gere riqueza (x)	Rendimento mensal (0,5% ao mês)
22	R$ 12.000,00	R$ 264.000,00	R$ 26.400,00	R$ 132,00

Nesse exemplo, a pessoa que recebe um salário de mil reais mensais deveria ter poupado até os 40 anos o valor de 26.400 reais.

No gráfico a seguir, você poderá fazer seus próprios cálculos para saber quanto deveria ter de dinheiro guardado até hoje para estar a caminho de sua independência financeira. Ouse simular com 10%, 20%, 30% ou mais percentual.

CALCULE QUANTO DEVE TER DE DINHEIRO HOJE							
Anos trabalhados	x	Ganho médio anual	=	Resultado **x 10%**	Valor poupado que gere riqueza	x	Rendimento mensal (0,5% ao mês)

Se você tem esse valor, parabéns, já é um caminho interessante. Agora, se você não tem esse montante, não se desespere, preste atenção: o cálculo que você acaba de fazer não tem importância a partir de agora. Ele está aí simplesmente para que você tome consciência do que foi sua vida financeira até aqui. Agora você já está no processo de virar o jogo. Já descobriu quem é, como vive e quais são seus hábitos financeiros. Com esse conhecimento em mente, você tem todas as condições de fazer a transformação necessária.

A responsabilidade em relação ao que fazemos nesta vida está diretamente ligada ao grau de consciência que temos de nossos atos. Sua consciência agora está plenamente iluminada: acabou o tempo da desculpa, das justificativas que não justificam nada. Sua prova final começa agora, na disposição, na atitude e na constância de aplicar o que foi ensinado até aqui e ver a extraordinária mudança que a vida lhe reserva. Lembre-se: quanto mais cedo começar, maiores serão suas chances de êxito nessa jornada.

•••••••••

Quanto mais tempo você tiver pela frente, menor será seu esforço.

•••••••••

Aproveite e apresente a metodologia para seus sucessores e os influencie.

"Quanto mais cedo começar, maiores serão suas chances de êxito nessa jornada."

FÓRMULA DSOP da Independência Financeira

Esqueça o passado e concentre-se no agora, no modo como você precisa agir, no equilíbrio necessário para cultivar sua independência financeira a partir de hoje.

Ao longo de minha vida, pude perceber que, para se obter a tão necessária independência financeira ou aposentadoria sustentável, é preciso que uma pessoa acumule uma reserva financeira ou tenha bens que gerem riquezas, sendo que o montante possa proporcionar uma renda passiva que seja no mínimo o dobro do padrão de vida, cujo resultado entre a renda passiva e o padrão de vida deverá ser maior que dois. Seguem fórmula e exemplo:

INDEPENDÊNCIA FINANCEIRA

$$\frac{\text{Renda passiva (ganhos juros/aluguel)}}{\text{Padrão de vida (ganho mensal)}} = \mathbf{2}$$

$$\frac{\text{R\$ 3.600,00}}{\text{R\$ 1.800,00}} = \mathbf{2}$$

Aí está o grande desafio para você que deseja alcançar essa necessidade. Como já mencionei na introdução deste livro, alcancei minha independência financeira guardando parte do dinheiro que passou por minhas mãos em todos os momentos de minha vida, simples assim! Porém, trata-se de hábitos e costumes adquiridos, e não de planilhas ou fórmulas mirabolantes. Por isso, o conceito de que educação financeira é uma ciência humana, e não exata.

Para que qualquer pessoa possa conhecer o número do seu sapato da independência financeira, desenvolvi uma fórmula simples e objetiva, **"Fórmula DSOP da Independência Financeira"**, que consiste em **dividir o montante da renda passiva mensal** pela **taxa de juros ao mês**, praticadas no mercado financeiro.

Para facilitar o entendimento, desenvolvi um exemplo de uma pessoa que ganha 1.800 reais mensais (padrão de vida), tem uma necessidade de renda passiva de 3.600 reais (o dobro do padrão de vida), e consegue uma taxa de juros de 0,5% ao mês:

FÓRMULA DSOP DA INDEPENDÊNCIA FINANCEIRA

Renda passiva mensal

$$\frac{\text{R\\$ 3.600,00}}{\text{0,5\%}} = \text{R\\$ 720.000,00}$$ **Reserva da Independência Financeira**

Taxa de juros ao mês

Para descobrir quanto você precisa acumular para sua **aposentadoria sustentável**, encontre o valor da sua renda passiva (o dobro do seu padrão de vida atual) e a taxa de juros que conseguir no mercado financeiro. O resultado mostrará o valor que você deverá ter de reserva financeira, ou seja, o suficiente para manter o padrão de vida atual em sua aposentadoria. Esse é o **número do sapato da sua independência**

financeira, tenha-o sempre em mente. Faça anualmente essa fórmula, pois o seu ganho vai aumentar, e quanto mais você ganhar, maior deve ser sua reserva financeira. Agora é com você, faça a sua simulação:

FÓRMULA DSOP DA INDEPENDÊNCIA FINANCEIRA

Renda passiva mensal

$$\frac{\text{R\\$ \_\_\_\_\_\_\_\_\_\_}}{\text{\_\_ \%}} = \text{R\\$ \_\_\_\_\_\_\_\_\_\_}$$ **Reserva da Independência Financeira**

Taxa de juros ao mês

Seja PREVIDENTE

Como foi dito desde o início deste livro, você deve reter parte do que ganha se quiser começar a construir sua independência financeira. Porém, à medida que se habituar a poupar, isso passará a lhe parecer pouco. O esforço inicial será substituído pela sensação tranquila de hábito. Quando perceber que esse hábito se transformou em cultura, é porque chegou a hora de avançar um pouco mais.

Pesquisas mostram que apenas 8% dos brasileiros pagam algum tipo de complementação ao INSS (Instituto Nacional do Seguro Social).

Aliás, ao contrário do que muitos dizem, o desconto do INSS não é apenas um mecanismo que diminui nossos rendimentos. Trata-se de uma poupança compulsória criada pelo Governo Federal e que, apesar das deficiências, tem sido a única salvação para nossa população aposentada, já que é a Previdência Social que garante a sobrevivência de milhões de brasileiros.

Avalie o teto máximo do INSS, ou seja, o limite com que você pode aposentar-se. Se hoje você tem uma remuneração superior a esse valor, certamente precisará complementar essa aposentadoria, caso queira manter seu padrão de vida atual, observando ainda o fator redutor por parte do INSS, visto que, com o aumento da expectativa de vida da população brasileira, tem sido muito comum pessoas contribuírem com o teto máximo e receberem seu benefício até 40% menor. Portanto, lembre-se: o INSS é importante, porém **I**sso **N**unca **S**erá **S**uficiente.

Há uma série de planos de previdência privada disponíveis no mercado. Se houver essa possibilidade, não deixe de fazer um. Procure o gerente de sua instituição financeira ou cooperativa, pesquise, busque aquela alternativa que tenha a melhor adequação às suas necessidades. Não deixe de pesquisar também nas seguradoras, que muitas vezes não cobram taxa de carregamento. Observe que a previdência privada possui taxas de administração e taxas de carregamento que precisam ser negociadas com as instituições.

Chamo a atenção aqui para que você observe não apenas a taxa, mas também a rentabilidade da sua previdência. É preciso levar em conta a possibilidade de portabilidade para outras instituições, sem qualquer custo.

E não se esqueça de fazer um seguro de vida e invalidez. No caso de uma ruptura precoce (morte/invalidez) do titular, o seguro garantirá que a família possa manter o padrão de vida planejado, proporcionando uma continuidade da estrutura financeira familiar.

Quando falo de seguro de vida, não me refiro àquele sem planejamento, ou seja, aquele que se faz em banco para obter uma linha de crédito ou algo assim. Refiro-me a um seguro de vida no qual se tenha direito ao valor do prêmio ideal, necessário para cobrir e manter um padrão de vida já existente, incluindo todas as fases futuras da vida familiar, como estudo dos filhos, ausência de trabalho por parte do titular e provedor da casa.

Para isso, é necessário descobrir o valor que garantirá um rendimento mensal (em forma de juros), que seja, de preferência, o dobro do equivalente ao seu padrão de vida.

O ideal é utilizar como parâmetro o mesmo valor encontrado na **"Fórmula DSOP da Independência Financeira"**. Assim, em caso de sinistro, o prêmio do seguro será equivalente ao valor total que você teria de guardar para manter o padrão de vida da família. Faça somente seguro do provedor principal, ou seja, de quem proporciona a maior parte da renda familiar. Como complemento, é sempre recomendável também ter uma reserva financeira estratégica para cobrir eventuais gastos não previstos, sem ter de mexer nos valores poupados para a independência financeira.

Por ser a independência financeira o ato de consolidação que possibilita uma vida sustentável de forma longínqua, a seguir conheça o conceito que deverá fazer parte da sua história de vida:

CONCEITO DE INDEPENDÊNCIA FINANCEIRA

*"Independência financeira e/ou aposentadoria sustentável é um **estado** que alcançamos em nossas vidas. Nele, deixamos de fazer o **escambo do tempo** com terceiros para assumir **autonomia** plena em nosso Ser, conquistando assim o poder definitivo de nossas escolhas em relação ao **Tempo!***

*Ao alcançar esse estado podemos viver intensamente o verdadeiro sentido de nossas vidas, com equilíbrio no consumo consciente e na realização dos sonhos, de forma contínua e sustentável, garantindo a **longevidade**."*

PhD Reinaldo Domingos

Poupe mais COMPRANDO COM DESCONTO

O ato de comprar é um dos mais importantes para a educação financeira. Digo isso porque, ao longo de minha história de vitória, uma das melhores estratégias para poupar meus recursos foi justamente conseguir descontos. Isso significa que, na maior parte das minhas compras, apesar de gastar, eu estava poupando, pois os ganhos no ato da compra representam mais do que eu ganharia em qualquer tipo de aplicação.

Se você analisar criticamente, verá que são pouquíssimas as aplicações financeiras que proporcionam rentabilidades superiores ao desconto, algo que você pode ganhar facilmente fazendo uma boa negociação nas suas compras à vista. Ou seja, comprar com consciência significa, antes de mais nada, comprar aquilo que agrega valor a nossas vidas e adquirir o produto ou serviço, igual ou equivalente, ao menor preço possível e com a melhor condição de pagamento. Comprar à vista e com desconto é o mesmo que poupar.

Se você é do tipo que tem vergonha de pedir desconto, preste atenção. Todo produto ou serviço tem embutida uma margem que pode – e deve – ser negociada. Por que você acha que o mesmo produto é vendido em determinada loja ou momento do ano por 100 reais, e em outra por 75 reais, ou 55 reais? Porque existe um custo real e um valor de troca. Comprar abaixo do custo é quase impossível. Apenas em situações-limite um comerciante põe seu produto à venda abaixo do custo. Descontos generosos, muito acima de suas expectativas, podem ser alcançados. É só você ter calma e saber esperar. Lembre-se desta frase: "Quem espera sempre alcança!".

Não compre sem pesquisar, no "calor da hora". Busque o produto em pelo menos cinco lugares diferentes, bem como em lojas virtuais, sempre perguntando pelo preço à vista.

Não se esqueça nunca do valor e do respeito que você deve ao seu dinheiro. Pense no quanto cada real economizado e aplicado fará diferença em sua saúde financeira. Para analisar melhor seu comportamento em relação às compras, reflita um pouco, descubra seu "eu consumidor" e conheça o conceito de compras:

DESCUBRA QUE TIPO DE CONSUMIDOR VOCÊ É

Consumista	Consciente
Gasta compulsivamente	Consulta o orçamento financeiro antes de comprar
Desperdiça	Faz bom uso de tudo o que compra
Orienta-se pelo *status*	Orienta-se por um estilo de vida sustentável
Faz *shopping*-terapia	Só vai às compras quando realmente precisa
É imediatista e ansioso na hora da compra	É previdente e pensa no impacto da compra no futuro financeiro

CONCEITO DE COMPRAS

"Tudo que for adquirido, à vista ou a prazo, por meio de troca (escambo), com valores agregados ou não."

PhD Reinaldo Domingos

*"Seja firme,
não desista...
A solução está
ao seu alcance."*

REFLITA ANTES de sair comprando

O consumo inconsciente é o pior inimigo da educação financeira. Quem reflete de forma constante sobre as suas reais necessidades de consumo, tende a ter uma vida financeira mais saudável. Portanto, toda vez que for comprar alguma coisa, pergunte: o produto ou serviço que você deseja agregará alguma coisa em sua qualidade de vida? Certifique-se de que ele é realmente necessário.

Ao tomar a decisão de compra, pesquise os valores em pelo menos cinco lugares diferentes, inclusive na internet. Se tiver dúvida entre comprar ou não comprar, deixe para o dia seguinte. Se for algo realmente importante, você certamente voltará à loja para comprar.

Antes de qualquer necessidade de compra, é preciso consultar o orçamento financeiro. É com base nele que você tomará a decisão de comprar à vista ou a prazo. Caso não tenha o dinheiro necessário para essa aquisição, pesquise o valor do item de compra e comece a poupar, até que tenha a quantia necessária para efetuar a compra, de preferência à vista. Lembre-se de que pagar à vista pode ser um bom negócio.

Não aceite a clássica resposta "é o mesmo preço à vista".

Se um produto custa mil reais e pode ser parcelado em 10 vezes de 100 reais, certamente à vista custará de 10% a 20% menos. É uma questão de negociar.

Se for preciso parcelar, fique atento às parcelas para que caibam em seu orçamento.

Nas compras de vários itens ao mesmo tempo, como é o

caso do supermercado, é recomendável preparar uma lista com produtos e quantidades necessárias.

Caso seus filhos não tenham ainda consciência do valor do dinheiro, evite levá-los junto com você quando for às compras ou aproveite para educá-los financeiramente.

Cuidado com propagandas do tipo "pague 2, leve 3". Muitas vezes o custo unitário sai mais barato. Além disso, você corre o risco de estocar mercadoria em casa e perder o prazo de validade. Lembre-se de que não desperdiçar também é poupar.

Para não gastar mais do que você pode, uma estratégia eficaz é estabelecer valores (verbas) para seus diferentes tipos de gastos. Isso o ajudará a não exagerar em algumas compras e deixar de fazer outras, às vezes mais necessárias.

Se perceber que exagerou na dose, o ideal é puxar o freio de mão e pensar o uso que você vem fazendo do seu dinheiro, antes de fazer novas compras. Por força do hábito, sempre achamos que merecemos mais do que temos ou podemos ter; daí para comprar sem pensar, desequilibrando a vida financeira como um todo, é um passo.

FIQUE ATENTO na hora de escolher o meio de pagamento

Cartão de crédito é um meio de pagamento, e não um gasto, como muitas pessoas acabam interpretando. O problema não é o cartão de crédito, e sim o que compramos com ele. Portanto, não resolve nada você adotar a tática radical de quebrar o cartão de crédito para não comprar. Eficaz mesmo é conscientizar-se, respeitar seus limites e usar o cartão de crédito a seu favor, e não contra você! O uso correto do cartão de crédito depende diretamente da forma como você recebe.

Caso seus rendimentos entrem mensalmente e você tenha apenas um cartão, este deverá lhe dar sempre uma folga de cinco dias após seu recebimento. Se você é um autônomo ou profissional liberal e tem possibilidade de receber em mais vezes durante o mês, o aconselhável é ter três cartões de crédito, com vencimento nos dias 10, 20 e 30 de cada mês, o que lhe trará uma maior flexibilidade nas compras. Por exemplo, se fizer uma compra no dia 23 do mês, o cartão a ser utilizado será o que possui vencimento no dia 30, já que a fatura só virá no mês seguinte, ou seja, no dia 30 do outro mês – você ganhará com isso 37 dias de prazo.

Mas que fique claro: não importa quantos cartões de crédito você tenha, o importante é que você pague sempre a parcela total da fatura; essa é sempre a melhor opção. Lembrando que antes de gastar, tem que estar alinhado com seu orçamento financeiro, o que evitará a necessidade de pagar juros no seu cartão de crédito. Caso isso não seja possível, busque alternativas, ou seja, faça outra linha de crédito se necessário, mas com juros baixos, próximos a 1% ao mês. Certamente será mais vantajoso.

Outra recomendação é não pagar a taxa de manutenção anual do cartão de crédito, ou seja, se hoje você paga essa taxa, sugiro que ligue para sua operadora e negocie. Não se esqueça de que os cartões de crédito trazem benefícios e bônus. Alguns até têm boas premiações, como milhas para viagem, entre outros produtos. Desde que você não pague por elas, é interessante utilizá-las.

Quanto ao limite do cartão de crédito, é recomendável que não seja maior que a capacidade de pagamento. Todo cuidado é pouco para não cair no descontrole do cartão de crédito. Livre-se do fantasma das faturas impagáveis e encare o cartão de crédito como ele deve ser: apenas um meio para facilitar suas compras.

Com relação ao cartão de débito, pesquisas mostram que os brasileiros aumentaram a utilização desse meio de pagamento, o que sugere (em uma primeira análise) que estão comprando mais à vista do que a prazo. Mas nem sempre essa é a realidade. Muitas são as pessoas que pagam "à vista" no cartão de débito, mas estão, na verdade, financiando a compra no limite do cheque especial. Isso também tem acontecido com os meios de pagamento digitais, como Pix, WhatsApp, Pagamentos por Aproximação, dentre outros. Portanto, cuidado! – "Nem tudo que reluz é ouro".

Use as dívidas para PODER POUPAR

Pode ser que até aqui você tenha achado que tudo faz sentido, parece fácil, apesar de isso não se aplicar a você, à sua condição atual, porque até agora não tocamos no assunto "dívidas". A questão que talvez esteja perturbando seu raciocínio e minando seu acreditar nesta Metodologia seja: "Isso tudo funciona muito bem para quem não tem dívidas, mas e no meu caso? Como posso mudar de posição neste jogo se estou cheio de dívidas ou inadimplente?".

Se essa é sua preocupação, fique tranquilo. As dívidas são resultado do que você comprou. O que realmente agrava o desequilíbrio financeiro é quando você perde a capacidade de pagamento, e o que irá levá-lo a retomar o domínio financeiro certamente será seguir os ensinamentos da **Metodologia DSOP**.

Mesmo que seu limite de cheque especial esteja tomado e você já tenha contraído empréstimos a taxas altíssimas, pagando ao mesmo tempo o mínimo do cartão de crédito, há meses, ou seja, mesmo que esteja praticamente quebrado, é possível mudar essa situação. Se esse é seu caso, faça um diagnóstico de suas dívidas vencidas e não vencidas, detalhando o valor total, o prazo para saldar (caso estejam negociadas), as taxas de juros, o valor das parcelas etc.

Trata-se de uma etapa que pode ser dolorida e incômoda, tal como colocar o dedo diretamente sobre a ferida; contudo, é preciso ter coragem e força para enfrentar a situação. Este é o momento de combater a causa, não mais o efeito. É claro que, ao entrar em contato com o ponto mais dolorido, pode surgir algum desespero. Entretanto, lembre-se: assim como esse mal que o aflige demorou um tempo para se instalar, demorará um tempo para ser curado; porém ele tem cura, e é nisso que você deve focar.

Em geral, quando as pessoas se veem sem condições de saldar os compromissos assumidos, elas tendem a abandonar o barco. O raciocínio predominante é: "Como já sei que não tenho dinheiro para pagar as dívidas, nem quero calcular com precisão o que devo". Esse pensamento representa, de novo, a mente acomodada com a situação, sabotando a disposição da pessoa de virar o jogo. O ser humano se adapta às mais diversas e inimagináveis situações. Acostuma-se com o que é bom, mas também é capaz de adaptar-se às condições mais desfavoráveis da vida. Se você se habituou a viver na corda bamba, é natural que mostre certa resistência na hora de tomar as rédeas da sua vida financeira. Seja firme, não desista.

Talvez sua situação seja realmente muito crítica e, digamos, você precise de um tratamento de choque, um *kit* de primeiros socorros. Mas não se deixe abater. A solução está ao seu alcance. Quando estamos em dificuldades, a percepção fica alterada e, por isso, não conseguimos visualizar nenhuma saída. Procure ser o mais racional possível. Neste momento, a emoção deve ser colocada de lado. Focalize sua atenção nos números. Apure o montante de sua dívida e estabeleça, com total frieza e fidelidade, qual o valor de que dispõe para saldar as pendências.

Todavia, não se esqueça: esse valor só poderá ser deduzido de seus ganhos depois que tiver priorizado as necessidades e seus sonhos. Ou, ainda, você pode transformar o desejo de sair das dívidas vencidas em um dos seus sonhos. Entenda: o nível de esforço que precisará fazer resultará de uma equação dada pela relação entre os ganhos e os gastos.

Quanto mais ganhos e menos gastos tiver, maior será o valor disponível para saldar as inadimplências e menor será o esforço necessário para se equilibrar. Se você não tem como aumentar os ganhos, há somente um caminho a seguir: diminuir os gastos. Mesmo que sua situação não lhe pareça fácil, é preciso estabelecer prioridades, analisar friamente cada gasto e cortar os excessos e desperdícios. Daí você criará a margem necessária para saldar suas inadimplências. Ou, ainda, poderá fazer acordos com parcelas que caibam em seu orçamento.

Você deve fazer uma simulação de quanto é preciso para viver com o mínimo possível durante o tempo necessário para saldar as dívidas vencidas, portanto a união da família é imprescindível para uma ação conjunta. Adote uma estratégia de guerra, tomando a inadimplência como um inimigo.

Neste momento, sua dúvida pode ser: "Mas como ficam meus credores? Sobrará muito pouco para destinar ao pagamento das dívidas vencidas". Você tem de assumir sua situação financeira e o pleno e absoluto domínio do seu dinheiro.

Lembre-se: as dívidas não vencidas devem permanecer em dia e não devem ser objeto de antecipação. É muito comum as pessoas, após contrair uma dívida, como, por exemplo: casa própria, veículos, quererem antecipar as parcelas, visto que os juros desses financiamentos são maiores do que os juros das aplicações financeiras. É preciso entender que não estamos falando de economês, ou seja, comparar juros de financiamento com aplicações. Quando praticada essa antecipação, as pessoas deixam, muitas vezes, de praticar o ato de poupar, de criar reservas financeiras, e, com isso, ficam vulneráveis a qualquer desequilíbrio financeiro, seja causado por perdas de ganhos ou até mesmo crises econômicas e financeiras, como foi o caso de 2008 e 2020.

Para diminuir o impacto dos juros nas dívidas sobre o orçamento financeiro, as instituições financeiras trazem como oportunidade a portabilidade de crédito, principalmente quando há uma queda nas taxas básicas de juros.

Em primeiro lugar, faça o diagnóstico do montante das dívidas vencidas e liste-as seguindo o critério das maiores para as menores. A visão proporcionada por essa estratégia o ajudará a tomar a decisão mais acertada na hora de eleger as prioridades.

- **Relacione todas as dívidas vencidas em ordem de prioridade.**
- **Priorize as dívidas essenciais (educação, água, gás, energia elétrica etc.).**
- **Poupe o valor proposto para uma futura negociação caso o credor não queira fazer acordo.**
- **Exija a exclusão de seu nome do cadastro de inadimplentes quando o acordo for fechado.**
- **Observe se a prestação da dívida negociada irá caber em seu orçamento.**

- **Fique atento às dívidas vencidas que têm bens em garantia.**

Não há uma fórmula pronta para determinar quais dívidas vencidas você deverá quitar primeiro. Em princípio, considere duas possibilidades.

A primeira é saldar as pendências essenciais. A maioria das empresas se dispõe a fazer os acordos e os parcelamentos sem juros, mantendo o fornecimento dos serviços. Mas não se esqueça de que as negociações, os acordos e os parcelamentos das dívidas precisam caber dentro do seu orçamento financeiro. Do contrário, você não conseguirá honrar os compromissos assumidos.

Se precisar prolongar os prazos, desde que isso não implique cobrança de juros altos, estenda-os tanto quanto necessário, para que a parcela caiba em sua disponibilidade de recursos. A segunda possibilidade é examinar quais são as dívidas vencidas com maior taxa de juros. Provavelmente, aqui entrará uma das batalhas mais importantes: a negociação com as instituições financeiras.

Lembre-se: o negócio das instituições financeiras é vender dinheiro, e os juros são seus lucros.

A verdade é que você precisará se armar de todo o seu poder de negociação e persuasão para conversar com eles e eliminar juros, multas e todos os encargos que tentarem lhe cobrar. Por isso é importante que você tenha a segurança de sua margem de negociação. Sabendo exatamente quanto pode comprometer para saldar essa e outras dívidas vencidas, certamente terá mais segurança e sucesso em sua abordagem. Daí a importância do orçamento financeiro, que mostrará a você e ao seu credor a verdadeira situação em que se encontra, passando a ele a credibilidade de que a partir de agora será possível saldar sua inadimplência em definitivo.

Qualquer desconto que conseguir nessas negociações significará maior margem para quitar as dívidas e, assim, recuperar mais rapidamente a saúde financeira. Nada de se sentir constrangido no momento da negociação. Não se esqueça de que o interesse de resolver tais pendências é seu, mas o credor também quer receber o valor devido e pode estar mais ou menos inclinado a facilitar seu lado – tudo dependerá de sua postura e transparência como devedor.

Esse é um ponto fundamental. Não caia na armadilha de se sentir humilhado ou diminuído por uma contingência, algo momentâneo, que será superado muito antes do que imagina. Acredite: quando você toma a decisão certa, o universo conspira a seu favor. Você verá que, quanto mais seguro estiver nos seus propósitos – e conseguir passar tal segurança para os credores –, mais facilidades terá para encontrar o rumo certo.

Digamos que suas inadimplências mais pesadas estejam concentradas nos bancos. Vejamos um exemplo:

RELAÇÃO DE DÍVIDAS VENCIDAS

Inadimplência	**Valor (R$)**	**Juros (taxa mensal)**
Cheque especial	3.000,00	7%
Empréstimos	2.000,00	3%
Financiamento do carro	9.000,00	1,8%
Total da inadimplência	**14.000,00**	

Em casos como esse, considerando o volume de rendimentos com o qual estamos trabalhando até aqui – um total líquido de 1.800 reais –, a margem de manobra para a quitação da inadimplência é pequena, se comparada ao montante acumulado. A situação complica-se ainda mais se levarmos em conta os juros que incidem sobre os valores.

Digamos que você disponha, em seu orçamento, de apenas 200 reais mensais para saldar as dívidas, como no exemplo a seguir:

ANÁLISE DOS GASTOS	
Total de ganhos líquidos	**R$ 1.800,00**
(-) Independência financeira	R$ 180,00
(-) Valor mensal para os sonhos	R$ 330,00
(-) Prestação da casa própria	R$ 480,00
(-) **Margem para saldar as dívidas vencidas**	**R$ 200,00**
= Saldo para gastos	R$ 610,00

Caso esse valor não seja suficiente para negociar os 14 mil reais que você deve ao banco, então, por um tempo predeterminado, você poderia somar a esses 200 reais uma parte dos 330 reais que estariam destinados aos seus sonhos de curto, médio e longo prazo. É importante ressaltar que sair das dívidas vencidas também é um sonho e, neste caso, será necessário escolher entre os três sonhos qual deles deverá ser o de sair da inadimplência. Mas afirmo: este não deverá ser o único sonho, é preciso manter a motivação; existem pessoas que vivem uma vida inteira focando em sair de suas dívidas vencidas. Um exemplo bastante oportuno é quando uma pessoa tem entre seus sonhos a compra da casa própria e acaba financiando por 20 ou 30 anos. Quando ela recebe as chaves da casa própria, está realizando um dos principais e mais importantes sonhos de sua vida e, deste momento em diante, deveria apenas proteger esta prestação mensal e já pensar em outro sonho de longo prazo, já que o da casa foi realizado. Mas o que acaba acontecendo é que ela, por ter financiado a casa própria, a longo prazo, termina substituindo este sonho da casa e transformando em outro, sair da dívida da casa própria. É preciso assumir a dívida independente de seu prazo, a paciência é o segredo. Lembre que estar endividado não é um problema, mas estar endividado e não conseguir honrar a prestação, aí sim, é um grande problema. Assim, para concluir, apresento os conceitos de dívidas e inadimplência:

CONCEITO DE DÍVIDAS

"Tudo aquilo que é adquirido a prazo, cujo vencimento será honrado na data estabelecida."

PhD Reinaldo Domingos

CONCEITO DE INADIMPLÊNCIA

"Tudo aquilo que é adquirido a prazo, cujo vencimento não foi honrado na data estabelecida."

PhD Reinaldo Domingos

Recomendo a leitura dos meus livros *Nome Sujo Pode ser a Solução* e *Livre-se das Dívidas*, em que apresento de forma detalhada os caminhos para que uma pessoa possa sair de seus problemas de endividamento não conscientes.

Entenda como APLICAR O DINHEIRO GUARDADO

Como já foi dito, antes de aplicar é preciso guardar. Portanto, poupar é diferente de investir. Agora que você já percebeu a importância de poupar e de atrelar os sonhos ao dinheiro retido, vamos aos tipos de aplicação.

De um modo geral, o melhor lugar para aplicar seu dinheiro depende de quanto você possui e de quanto tempo pretende deixá-lo aplicado. Há diversas maneiras de investir, mas o melhor é começar indo com menos "sede ao pote".

Ou seja, não se arriscar. Invista seu dinheiro de maneira a ter sempre a certeza de que ele poderá retornar a qualquer momento para suas mãos, pois isso lhe garantirá liquidez. Portanto, ao aplicar suas economias, considere sempre o prazo para resgatar ou utilizar esse dinheiro: se é de curto, médio ou longo prazo.

É preciso levar em conta também qual é o seu perfil como investidor: conservador, moderado ou arrojado.

- **Conservador:** não corre riscos.
- **Moderado:** corre riscos em uma pequena parte do investimento.
- **Arrojado:** prefere correr riscos e ter mais retorno na aplicação.

Como eu disse, para quem está começando e vai aplicar suas primeiras economias para realizar os sonhos, o ideal é ter cautela. Tomadas essas primeiras decisões, você estará pronto para iniciar suas pesquisas no mercado financeiro e escolher o melhor tipo de aplicação, buscando instituições financeiras sólidas.

É recomendável que você conte sempre com o acompanhamento de um especialista e siga pelo menos algumas orientações gerais: diversificar os investimentos e não concentrar todo o seu dinheiro em uma única instituição financeira.

Feita a escolha, periodicamente você deve realizar uma análise comparativa dos ganhos obtidos e das rentabilidades entre as instituições, envolvendo também as demais do mercado. Analise periodicamente as rentabilidades e taxas de seus investimentos. Não tenha medo de trocar a instituição "x" pela "y", caso esta seja mais vantajosa, pois a maioria das transferências não gera custos, como é o caso das previdências privadas e dos fundos de investimentos.

Conheça o tipo de APLICAÇÃO ADEQUADA ao tempo

Curto prazo – A aplicação mais comum desse tipo é a caderneta de poupança, porém, depois que o governo interviu e mudou sua forma de remuneração ela se tornou ainda menos atrativa, porém ainda recomendo. A caderneta de poupança traz ainda algumas vantagens, como ser isenta de taxa de administração, ter liquidez, ser isenta de imposto de renda, além de contar com a garantia do Fundo Garantidor de Crédito (FGC). Outra possibilidade para o curto prazo são os Certificados de Depósitos Bancários (CDBs), que, além da garantia do FGC, contam com possibilidades de liquidez diária e taxas atrativas com retornos superiores à Caderneta de Poupança, mesmo não tendo a isenção do imposto de renda. E você poderá escolher entre taxas prefixadas e pós-fixadas. Podemos também considerar o Tesouro Selic, que tem a garantia do Tesouro Nacional e resgates diários, assim como o CDB.

Médio prazo – É ideal para quem deseja guardar o dinheiro durante prazos de um ano até dez anos. Investimentos que têm essa característica: CDB, LCI, LCA, títulos do tesouro direto, fundo de investimentos.

Longo prazo – Requer um cuidado maior, por se tratar de investimentos de longo prazo, ou seja, acima de dez anos. Investimentos que têm essa característica: previdência privada (PGBL – Plano Gerador de Benefício Livre, recomendado para quem paga mensalmente Imposto de Renda, e o VGBL – Vida Gerador de Benefício Livre) e título do tesouro direto. Neste caso, chamo sua atenção para as taxas de administração e também de carregamento, como o caso da previdência privada. Há também LCI (Letras de Crédito Imobiliário) e LCA (Letras de Crédito do Agronegócio), investimentos de renda fixa com a vantagem da isenção do imposto de renda e garantia do FGC.

Temos ainda a contribuição ao INSS, que, mesmo com sua baixa remuneração aos aposentados, tem sido ainda a única fonte de renda de milhões de beneficiários, portanto, contribua. Quanto a empreender em ações na Bolsa de Valores, é preciso entender que, ao comprar ações, a pessoa está comprando parte daquela empresa. Se ela for bem e gerar lucros, as ações se valorizam, proporcionando a seus acionistas dividendos e juros sobre capital e ainda, quando optarem pela venda das ações, ganharão pela sua valorização. Porém, se a empresa gerar prejuízos e vier a quebrar, o investimento pode virar pó. Lembre-se de que o dinheiro ganho com o trabalho deve ser respeitado e, para tanto, aplicado com segurança. Empreender por meio de imóveis em determinada época pode ser sem dúvida um bom investimento, porém com baixa liquidez.

Independentemente de onde investir ou empreender, é preciso sempre lembrar que, ao alocar seu dinheiro, deverá ter os sonhos e necessidades atrelados a estes, e nunca concentrar todo seu dinheiro em uma única instituição e/ou produto financeiro, como diz o antigo ditado: "Nunca concentre todos seus ovos em uma única cesta".

A grande maioria das pessoas, geralmente, quer saber quais são as melhores aplicações e investimentos e geralmente eu respondo: guardar dinheiro!

O grande benefício que uma pessoa pode adquirir é o hábito de guardar, poupar dinheiro. Somente quando temos o dinheiro é que podemos investir, empreender e realizar nossos sonhos e necessidades.

Como aprendemos até aqui, na educação financeira, buscamos pelo comportamento e hábitos financeiros, com a finalidade de realizar nossos sonhos e necessidades, promovendo reduções em nossos consumos, gerando poupança.

Nos investimentos conseguimos promover resultados provindos das aplicações financeiras que têm como finalidade repor a perda inflacionária de nossos recursos financeiros.

A educação financeira e os investimentos juntos conseguem garantir uma sustentabilidade longínqua que perpetuará a qualidade de vida das pessoas e famílias.

Para ilustrar a importância dos investimentos segue o conceito:

CONCEITO DE INVESTIMENTO

"Investimento é toda movimentação do recurso financeiro, cuja ***finalidade*** *está embasada nos seus fins. Os fatores* ***tempo*** *e* ***risco*** *são imprescindíveis para a sua boa gestão. Sua função é a de* ***repor,*** *de forma parcial ou integral a* ***perda inflacionária.*** *É um agente de* ***blindagem que potencializa*** *a sustentabilidade financeira gerada pela renda passiva."*

PhD Reinaldo Domingos

Conceito de Educação Financeira

ENTENDA O CONCEITO de Educação Financeira

Após descrever as bases da Educação Financeira e sua metodologia, chegou o momento de apresentar o conceito embasado em comportamentos e hábitos que proporcionam o equilíbrio necessário para uma vida financeira saudável e sustentável, garantindo assim novas gerações capazes de ter o dinheiro como grande aliado em suas vidas.

*"A **Educação Financeira** é uma ciência humana que busca a autonomia financeira, fundamentada por uma **metodologia baseada no comportamento,** com o objetivo de construir um modelo mental que promova a sustentabilidade, crie hábitos saudáveis e proporcione o equilíbrio entre o **SER,** o **FAZER,** o **TER** e o **MANTER,** com escolhas conscientes para a realização de sonhos e necessidades."*

PhD Reinaldo Domingos

Por que trazer as palavras SER, TER, FAZER e MANTER, junto à Educação Financeira?

SER
Essência

Essência do SER humano. Que não está atrelado a nada que seja externo. Que não vemos, não pegamos, não tocamos. Só sentimos. Está conectado com a nossa espiritualidade e com Deus. O que chamamos de VIDA, o antes, o durante e o depois.

O SER está dentro do coração, da alma. É mais ou menos assim: quando lembramos de alguém que morre e/ou já partiu, projetamos o seu SER e não o seu TER. Porque o TER acaba, o SER perdura e eterniza.

O SER é o Acreditar, é o Caráter, a Idoneidade, os Princípios. É o Estado Maior do EU. Intocável. O SER atua no coletivo. SABEDORIA é SER e o SER é Luz. Atenção para não se desconectar da sua Essência.

Onde está sua Essência do SER?

TER
Sonhos, necessidades, desejos e propósitos

O TER está conectado com tudo aquilo, seja material ou

não, que desejamos, sonhamos e necessitamos. E até mesmo as nossas ambições.

Por ser o TER algo findável, precisamos que no universo do Empreender, este tenha mensuração: início, meio e fim.

Um dos grandes erros capitais é um Empreendedor que se julgue indestrutível, infalível (excesso de autoconfiança). Quando essa máscara é assumida por esse, é o início do fim. Nós não vivemos sem o TER em todas as fases da vida.

CONHECIMENTO é TER. O TER atua no indivíduo.

FAZER
Processo/Meio

Fazer é o processo, o meio de tudo aquilo que envolve o TER e o MANTER.

FAZER é atitude das práticas, das atividades, ao longo de nossa vida. Se eu não FIZER eu não TEREI e nem muito menos MANTEREI.

MANTER
Conservar algo

Manter algo vivo, sustentável, que tem sentido, que dá prazer, que dá segurança, que dá autonomia, que garante a longevidade e sucessão.

Manter está diretamente correlacionado ao TER e ao FAZER. E o MANTER não fica só na esfera material, vai além, pois também está fundamentado no **Mundo**, no **Tempo**, na **Saúde**, na **Educação** e nas **Relações Humanas**.

É preciso MANTER para que a Essência do SER seja a sua VERDADE.

Com esses ensinamentos adquiridos e praticados, você poderá ensinar outras pessoas, em especial sua família, para que ela tenha melhores resultados que seus antepassados.

Para se aprofundar, conheça os fundamentos no livro **Empreender Vitorioso com Sonhos e Lucro em Primeiro Lugar** de minha autoria.

Ciclo da Educação Financeira

DIAGNOSTICAR

CONSCIENTIZAÇÃO

1. Reúna a família para fazer o diagnóstico da sua movimentação financeira, incluindo as crianças.
2. Anote no Apontamento Financeiro seus ganhos e gastos.
3. Registre o que possui de bens móveis (veículos) e imóveis (casas).
4. Registre quanto tem de dinheiro guardado até hoje.
5. Registre suas dívidas adimplentes e inadimplentes (se as tiver).
6. Assuma o domínio de sua vida financeira.
7. Descubra seu "Eu Financeiro."

SONHAR

MOTIVAÇÃO

1. Reúna a família e descubra sonhos e necessidades individuais e coletivos.
2. Registre os sonhos de curto, médio e longo prazos.
3. Levante quanto custam e em quanto tempo deseja realizá-los.
4. Comece a reduzir os excessos de gastos e a trocá-los pelos sonhos.
5. Priorize os sonhos antes mesmo de sair gastando o dinheiro de que dispõe.
6. Guarde dinheiro para todos sonhos e necessidades, inclusive o da independência financeira.

EQUILÍBRIO

ORÇAR

1. Elabore o Orçamento Financeiro DSOP.

2. Faça projeções de médio e longo prazos no orçamento.

3. Priorize os sonhos antes dos gastos no orçamento.

4. Analise seus gastos para reduzi-los ou mesmo eliminar os que forem possíveis.

5. Não se esqueça de lançar as compras parceladas no orçamento.

6. Estabeleça quanto poderá destinar de sua renda mensal para saldar dívidas vencidas (se as tiver).

7. Respeite o padrão de vida permitido pelo orçamento.

PERSEVERANÇA

POUPAR

1. Defina o destino do dinheiro guardado a curto, médio e longo prazos.

2. Poupe um valor para cada sonho a ser realizado.

3. Compreenda seu perfil como investidor.

4. Poupe (guarde) parte de seus ganhos.

5. Busque sempre o melhor desconto como forma de poupar.

6. Diversifique os investimentos e empreendimentos de acordo com o tempo de realização de sonhos e necessidades.

7. Acompanhe os resultados obtidos periodicamente.

Você pode!

No início deste livro, fiz um pacto com você. Garanti que se você não encontrasse nestas páginas a motivação e as ferramentas necessárias para operar uma verdadeira transformação na sua vida e na da sua família, você poderia ter seu dinheiro de volta.

A motivação e as ferramentas estão dadas, cabe a você tirar a prova dos nove, aplicando o que aprendeu na sua vida e conferindo por si próprio o alcance dos resultados.

Os mais de 5 milhões de exemplares vendidos sobre o tema Educação Financeira me fazem acreditar cegamente no meu potencial de agregar conhecimento, estímulo e satisfação às pessoas. Estes livros têm transformado a vida de famílias, devolvendo a elas a saúde financeira e o equilíbrio para seguirem em frente, renovadas e fortalecidas, **entregando esperança** a todos aqueles que aprenderem e praticarem.

Para que a transformação aconteça com você também, é importante envolver todos os seus familiares, incluindo seus filhos, nesse novo ciclo, independentemente da idade. Mas não esqueça: a verdadeira transformação tem de começar por você, por sua disposição de iniciar uma relação de mais consciência e equilíbrio com o dinheiro, desde hoje e para sempre. Como dizia Gandhi: "Seja você a mudança que deseja ver no mundo". Tome as rédeas da sua vida financeira! Você não precisa de soluções mágicas para viver bem financeiramente, e sim aplicar os conhecimentos adquiridos por meio da Educação Financeira.

Leia o livro no mínimo três vezes e vá aplicando os ensinamentos da **Metodologia DSOP**, passo a passo, com fé e constância, tendo sempre em perspectiva a conquista de um futuro mais próspero e sustentável, imaginando desde já como a sua vida poderá ser mais plena de sentido com sustentabilidade financeira.

O dinheiro faz parte da vida. Há quem diga que é a mola que move o mundo. E eu entendo que ele é um meio. E quem de verdade move o mundo somos nós, seres humanos, com nossos sonhos, necessidades e propósitos. Ao longo deste livro, compartilhei com você todas as estratégias que empreguei e ainda emprego em minha vida e na vida de todos os que oriento como profissional multiplicador da ciência Educação Financeira. Espero que você siga essas orientações até o ponto necessário para poder experimentar também o maravilhoso poder dessa transformação.

Os ensinamentos da **Metodologia DSOP** por meio de seus quatro pilares – Diagnosticar, Sonhar, Orçar e Poupar – devem ser praticados com periodicidade anual, lembrando que sua vida é um ciclo renovável, assim como seu padrão de vida também, portanto praticar anualmente estes ensinamentos é imprescindível para uma vida saudável. Para finalizar, sugiro que você deixe esse livro na sua cabeceira, e não na prateleira. Pois os ensinamentos desta obra precisam ser praticados anos após anos, para garantir sua saúde, sustentabilidade e prosperidade financeira.

Artigo científico da Metodologia DSOP

RECIMA21 – REVISTA CIENTÍFICA MULTIDISCIPLINAR
ISSN 2675-6218

EDUCAÇÃO FINANCEIRA UMA CIÊNCIA COMPORTAMENTAL

Reinaldo Aparecido Domingos[1]

PUBLICADO: 04/2022 https://doi.org/10.47820/recima21.v3i4.1217

RESUMO

O tema educação financeira é pauta constante dos noticiários e necessidade real e imediata no âmbito pessoal, profissional e empresarial. Atualmente vemos o reflexo do analfabetismo financeiro que herdamos das gerações passadas no nosso dia a dia por meio do endividamento, inadimplência, doenças relacionadas a problemas com o dinheiro, constantes separações, aposentados vivendo com dificuldades para se sustentar, jovens e crianças altamente consumistas, entre outros tantos reflexos negativos. Diante deste cenário, entra em evidência a educação financeira comportamental pautada na Metodologia Diagnosticar, Sonhar, Orçar e Poupar (DSOP), com o intuito de ser uma ferramenta prática e de comportamento humano para os educadores, alunos, famílias e principalmente como ferramenta para a sustentabilidade financeira de novas gerações saudáveis e sustentáveis financeiramente. O aprendizado e a aplicação de conhecimentos práticos de educação financeira contribuirão para melhorar a administração das finanças em todas as vertentes, tornando a vida mais tranquila e equilibrada sob o ponto de vista social. Este ensinamento capacita os indivíduos para o empoderamento financeiro, para a tão necessária independência financeira e para fazer bom uso do sistema financeiro, facilitando o caminho para as realizações profissionais e pessoais.

PALAVRAS-CHAVES: Educação Financeira. Comportamental. Metodologia DSOP

1 PhD pela Florida Christian University (FCU) *com teses sobre Educação Financeira e Educação Empreendedora embasadas na Metodologia DSOP e reconhecidos no Brasil em 2020 pela Universidade da Amazônia UNAMA.*

São 15 anos de história e muitas vidas transformadas com a Metodologia DSOP

Depois de 15 anos de lançamento da 1º obra *Terapia Financeira*, publicada em 2007, não tenho como mensurar a quantidade de pessoas e famílias impactadas e com a esperança renovada pelos ensinamentos da Educação Financeira pela **Metodologia DSOP**.

E, para representar cada ano dessa trajetória, selecionei 15 histórias para que possa lhe inspirar e transformar sua vida e de seus familiares.

“**Eu fazia parte da banca que avaliou a tese do professor Reinaldo Domingos** e, para minha surpresa, o assunto era novo, eu não sabia o que era esse negócio de educação financeira.

Eu disse pra ele: “Professor, muito bonito o que o senhor apresentou pra nós, mas é uma grande novidade para mim, eu sou economista formado que trabalha com números, mas o senhor em nenhum momento se referiu a números”.

Acho que estava na hora de aparecer uma “revolução cultural”, sobre o que fazer com o dinheiro. Está aqui um assunto que eu acho muito importante, para as pessoas procurarem saber, se envolver e descobrir que podem construir caminhos para as realizações. Sonhos são importantes.

Você começa a acreditar que pode, começa a acreditar que tudo é possível, desde que tenha comportamentos direcionados para as suas vontades. E foi aí que eu achei que deveria passar esse conhecimento para os meus filhos.

Eu acreditei que eu podia fazer a diferença. Assim que falei com meu filho, André, ele já levou isso imediatamente pra casa dele. Dizendo para seus filhos: “Nós vamos mudar um pouco a regra aqui de dinheiro, nós vamos começar a falar de sonhos”.

A educação financeira harmoniza, integra e faz a gente caminhar junto para caminhos que satisfazem a todos ao mesmo tempo.

Benedito Cabral de Medeiros Filho (em memória)

Pai, avô, mestre, doutor, terapeuta financeiro e pesquisador

Pra mim, a parte financeira sempre foi focada em número, em conta. Quando eu comecei a ter contato com a educação financeira, vi que basicamente não entra conta, é uma mudança cultural. E eu venho de uma geração que sempre lidou com a consequência, não lidou com a antecipação. E aí vem uma coisa que a gente aprende muito na vivência de educação financeira, quanto mais tempo você demora para colocar em prática os princípios da administração financeira, mais difícil fica de você quebrar os comportamentos que você tinha anteriormente. E isso é nítido ao olhar os meus dois filhos, a Bia, que é a mais nova, pegou isso muito mais rápido e fácil que o meu filho, João Pedro, que já está com 15 pra 16 anos.

André Luis Barros de Medeiros

Filho, pai, PhD em Administração de Empresas, mestre, educador e terapeuta financeiro

“**Somos parceiros da DSOP há mais de 10 anos. E é extremamente importante o reflexo que essa metodologia trouxe aqui pra escola,** pras nossas vidas e pra vida dos nossos alunos.

Para minha vida foi impactante, quando eu era mais nova não tive esse acompanhamento. A partir da metodologia e dos ensinamentos adquiridos, eu pude comprar o apartamento que vivo hoje e mobiliar.

Com os nossos alunos trabalhamos com os sonhos coletivos, que são marcantes na vida deles. Nossos alunos do 9º ano, por exemplo, aprendem a economizar, a orçar, a poupar, para que façam uma viagem de despedida.

E os nossos aluninhos da educação infantil conseguem entender o significado do dinheiro e começam a ter uma relação saudável com o dinheiro propriamente dito, coisa que há algum tempo não era possível, então eu assino embaixo, sempre falo pro Reinaldo que eu sou fã, fã dele, fã da proposta que ele trouxe e acho que isso é um trabalho que soma na hora dos pais escolherem a escola pra matricular seus filhos.

Annik Valentine

Diretora do Colégio Connexus e da creche Bebê Bombom, em Amazonas

“**É com grande satisfação que relato algumas vivências transformadoras na minha forma de agir em relação à educação financeira.** Claro que isso só foi possível depois que conheci a **Metodologia DSOP**.

Por meio da metodologia, trabalhei com os meus alunos diversos projetos, entre eles, a Feira do Livro que é sensacional. Essa proposta vem do material criado por Reinaldo Domingos, que aliás, escreve histórias incríveis que nos ajudaram, nos ajudam e nos ajudarão sempre a ter inspirações para realizarem nossos sonhos.

Agradeço ao autor, que me propiciou organizar o meu financeiro e principalmente alcançar o objetivo maior, que é ensinar as crianças a realizarem seus sonhos usando seu próprio dinheiro. Hoje, elas sabem o que é: Diagnosticar, Sonhar, Orçar e Poupar.

Fica a dica! Se você encontra-se com dificuldades em organizar sua vida financeira, vale a pena conhecer os materiais da **Metodologia DSOP**. Certamente eles irão ajudá-lo!

Eliene Ferreira de Freitas

Professora do Colégio Objetivo

“**Conheci a Metodologia DSOP de Educação Financeira em 2018, com 61 anos.**

Hoje empreendo como franqueado da DSOP Educação Financeira. Estou cursando a graduação de Tecnologia em Educação Financeira e pretendo continuar me capacitando através das pós-graduações, dentro deste mesmo universo.

O fato de trilhar hoje os caminhos da Educação Financeira vão ao encontro à maneira como ela me transformou. Todo o aprendizado e consequentemente a vivência da metodologia fez com que ocorresse essa transformação e me estimulou a disseminar esse feito comportamental, comprovado cientificamente.

O aprendizado, a prática e a vivência da metodologia me transformaram num estrategista em relação à minha vida financeira, com um sentido cada vez mais apurado para tudo o que envolve o contexto financeiro.

A metodologia nos leva à transformação, através da mudança de comportamentos. Encontrei na metodologia o remédio para todas as dores financeiras.

Afirmo, com conhecimento de causa, que, se tivesse conhecido a Educação Financeira há mais tempo, hoje estaria independente financeiramente. O que ela me trouxe hoje aos 65 anos? Consciência, sustentabilidade e motivação para disseminá-la com cidadania.

Civaldo José de Deus

Graduando em Tecnologia em Educação Financeira – Unoeste, franqueado da DSOP Educação Financeira, aposentado

“**Desde o primeiro contato com a DSOP percebi que a forma de condução das atividades e metodologia aplicada para ensinamento são diferenciadas,** tanto por seus profissionais quanto pela seriedade com que o tema é tratado.

Educação Financeira sempre me atraiu pessoalmente e profissionalmente. Trabalho há mais de 15 anos na área financeira, mas sentia necessidade de fazer algo a mais pelas pessoas.

O interesse por conhecer a metodologia e sua aplicação me levou até a Pós-Graduação Master em Educação Financeira ofertada pela DSOP em parceria com a Unoeste; foi aí que comecei a aplicar diretamente os passos da metodologia na minha vida pessoal.

Considero que o diferencial da metodologia está no segundo pilar, que enfatiza o quão importante é priorizar nossos sonhos, mesmo que estes pareçam distantes num primeiro momento.

Hoje busco aplicar os conhecimentos adquiridos e a minha experiência com a metodologia no Programa de Educação Financeira na cooperativa em que trabalho. Acredito que precisamos cada vez mais de profissionais habilitados para ensinar Educação Financeira com uma metodologia clara, fácil e que funcione. Que juntos possamos utilizar a metodologia pra fazer com que todos estejam educados financeiramente.

Elenice Passarelli

Mestre em Educação, analista financeira na Cooperativa Agrária Agroindustrial

Me lembro como se fosse hoje de quando vi pela primeira vez o *stand* da DSOP em uma feira... Era simples e pequeno, com apenas alguns panfletos, mas fez meus olhos brilharem!

Uma metodologia da vida real, para a vida real. Foi amor à primeira vista!

Felizmente tive a oportunidade de me desenvolver financeiramente em casa, na família. Desde cedo administrava as minhas pequenas mesadas para conquistar meus sonhos, que basicamente eram discos de vinil.

Era necessário saber qual era o preço (diagnosticar), que produto eu queria (sonhar), que valor eu teria (orçar) e por fim guardar o dinheiro necessário (poupar). Eu já era DSOP e não sabia!

Sempre considerei o financeiro uma questão de comportamento e não de matemática e por isso a metodologia fez muito sentido para mim.

Sou muito grata por ter conhecido a **Metodologia DSOP**, pois ela consolidou um assunto que considero necessário aprender desde cedo e fundamental para uma vida saudável, por isso adoto na minha escola há mais de 10 anos.

Catia Janete de Souza Ferreira
CEO e diretora do Colégio Eduki

“**Quero apresentar como foram e o que realizei nos últimos 10 anos de minha vida,** quando conheci por meio do telefonema de uma amiga a sigla DSOP. Sim, no primeiro momento entendi que era apenas uma sigla.

A **Metodologia DSOP** apresenta uma forma de cuidar de todos os nossos recursos e a olhar o mundo de um jeito muito diferente, em que o SER é a prioridade e o TER nada mais é que a consequência de escolhas conscientes para as realizações.

Em 2012, era uma educadora aposentada e entendia que o meu empreender profissional estava dentro dos muros de uma instituição educacional. Hoje, como doutora em Educação Financeira, tenho como missão de vida apresentar a Educação Financeira, por meio da criação de projetos especiais para empresas, escolas, cooperativas. A **Metodologia DSOP** é certificada e vivenciada pelo PhD Reinaldo Domingos, responsável por acreditar em meu desenvolvimento pessoal e profissional.

Este depoimento se fundamenta nos ensinamentos apresentados nesta obra, que são validados por todos os membros de minha família, que aplicam integralmente o comportamento financeiro aprendido.

Agradeço e parabenizo o PhD Reinaldo Domingos por não guardar para si estes conhecimentos tão imprescindíveis. E que venham todas as próximas décadas...

Ana Rosa Vilches

Professora, doutora em Educação Financeira, diretora de projetos especiais

“**Há dez anos, tivemos a oportunidade de conhecer pessoalmente o professor Reinaldo Domingos,** em uma visita às nossas escolas, para nos apresentar o seu projeto de Educação Financeira, para o Ensino Básico.

Logo nos encantamos com as suas ideias, a metodologia e confiantes adotamos o programa, a princípio na Educação Infantil e, em seguida, no Ensino Fundamental. Os professores, os alunos e os pais acolheram a **Metodologia DSOP** com entusiasmo!

Após todos estes anos de aplicabilidade, podemos afirmar que o programa é eficiente e de extrema importância na formação integral do ser humano.

Professor Reinaldo Domingos, agradecemos e aplaudimos a sua genialidade e sua inestimável contribuição para a Educação Financeira em nosso país.

Nelly Falcão de Souza

Diretora-geral do Centro Educacional Pinocchio de Manaus

“**Que privilégio fazer parte desta história.** Os ensinamentos do Reinaldo descritos nos livros representam a maior metanoia financeira da minha vida.

Aprender educação financeira através do livro é literalmente libertador. Trata-se de um conteúdo leve e atemporal! Aliás cada ano que passa, o conteúdo se faz mais atual e mais necessário. A Covid-19, que abreviou tantas despedidas, veio pra escancarar a necessidade de empenharmos forças em conjunto pra disseminar educação financeira pelo Brasil e pelo mundo.

O livro *Terapia Financeira* é um poderoso veículo para tal. Ele imortalizou as experiências de décadas vividas pelo Reinaldo Domingos. E sobre os pilares DSOPianos é sem dúvidas, o *best-seller* mais leve e eficaz para se enfrentar o grande desafio cultural de ausência de educação financeira em nosso país.

Gratidão a toda família DSOP, pela oportunidade de poder, através dos ensinamentos do livro, servir e expandir o Reino!

Parabéns a todos os envolvidos! Contem sempre comigo!

Henrique Câmara

Advogado, agente de investimentos, mestre em *Business Administration & Financial Education* na *Florida Christian University*

“

Quem, um dia, passou por uma situação financeira tão difícil, que lhe impossibilitava de sentir prazer em viver, sabe o quanto é importante que alguém lhe mostre o caminho para vencer os obstáculos que o impedem de ver quanta beleza existe no presente, quanta luz existe no futuro, como é simples ser feliz...

Isso aconteceu comigo. Até os meus 65 anos, não respeitei o dinheiro durante a minha vida. E foi uma quantia considerável!

Há seis anos, encontrei quem me mostrasse o caminho a seguir: Reinaldo Domingos, meu mentor, meu amigo. Ele me apresentou a **Metodologia DSOP**, por ele vivenciada, criada e lapidada permanentemente, com tanto esmero e carinho.

Hoje, com 71 anos, quatro filhos, dez netos e três bisnetos, tenho a satisfação de dizer que sou uma “jovem há mais tempo”, devidamente educada financeiramente, que se permite sonhar muito e realizar tudo aquilo que sonha.

Tenho orgulho de dizer que transmiti à minha família e a muitas outras pessoas esse conhecimento e ajudei-as a apreciarem as belezas que a vida proporciona, incentivando-as a realizar cada vez mais sonhos.

Reinaldo, eu, minha família e todas as pessoas a quem repassei a **Metodologia DSOP** agradecemos a Deus por ter te colocado em nossos caminhos.

Irismar Tavares da Silva

Educadora e terapeuta financeira, auditora de finanças públicas

“**O ano era 2018 e eu pedia uma mudança na minha vida financeira.** Professora de matemática, da rede estadual do Rio Grande do Sul há 15 anos, conheci a **Metodologia DSOP** e seus pilares através de um projeto do Sicredi. Nesse momento, minha vida deu início à transformação que tanto desejava.

Reuni minha família e apliquei a metodologia passo a passo; e foi a partir daí que tudo começou a se organizar. Saímos do perfil de superendividado e, ao final de 2019, meu marido e eu realizamos o primeiro sonho: conhecer o Santuário de Aparecida em São Paulo, com direito a viagem de avião pela primeira vez. Na volta, busquei pela DSOP com o objetivo de conhecer mais e me inscrevi na Pós-Graduação em Educação Financeira com Neurociência para Docentes. Enfrentei todos os desafios, mas, incentivada pela Cintia Senna, vivi dias indescritíveis de muito aprendizado. Foi em dezembro de 2021, após um convite, que concretizei um dos maiores sonhos: deixei o contrato temporário de professora e passei a me dedicar às atividades da DSOP, em projetos especiais, assim como às minhas atividades de Educadora Financeira e Educacional.

Daisy de Souza Fazenda

Professora, educadora financeira e educacional

“**Como expressar em palavras a mudança que ocorreu na minha vida por tudo o que a Metodologia DSOP** e o Reinaldo Domingos transformaram no meu íntimo nesses quase 11 anos de convivência? Vou tentar!

Fui criada em um lar feliz, com minha mãe e irmãs. Minha mãe sempre foi o meu maior exemplo de pessoa, de mãe, de mulher e profissional, ela foi o meu espelho na adolescência e por esses motivos, segui os passos profissionais por intermédio dos exemplos dela.

Porém, também adquiri os hábitos consumistas e a falta de controle em relação ao dinheiro.

Eis que os famosos ditados caíram como uma luva: “Tal mãe, tal filha!”; “Filho de peixe, peixinho é!”. Então como mudar hábitos tão intrínsecos, algo que aparentemente não tinha jeito? Impossível não lembrar de outro famoso ditado: “O que não tem remédio, remediado está!”

Assim, com essa falta de educação financeira, cheguei na DSOP em 2011, completamente endividada e sem perspectivas de sair dessa “corda bamba” financeira, tentando me equilibrar para não cair!

Depois de um ano na empresa, percebi que a mudança poderia sim acontecer, a vontade de mudar só dependia de mim. Os ensinamentos da **Metodologia DSOP** mostravam o caminho, mas só eu poderia decidir se iria adiante! Poderia encontrar flores, pedras, mas as pedras poderiam ser o alicerce para a construção do meu castelo e assim se fez.

Comparo a mudança do meu comportamento em relação ao dinheiro a uma grande escadaria, aquelas com degraus infinitos. Degrau por degrau, me propus a subir e não porque queria chegar ao topo rapidamente, mas sim porque no final daquela longa escadaria existia um objetivo maior, sonhos. Sonhos reais, escolhas, propósitos, algo que nunca tinha imaginado ser possível. Não tive pressa para subir e aí vem mais um famoso ditado: "A pressa é inimiga da perfeição!". Subi 10 degraus, parei, avaliei os passos dados, olhei para trás e tive ânimo para continuar subindo!

Até então, os meus sonhos eram desejos imediatistas, consumistas e sem valor agregado. A cada degrau que subia, a cada sonho que alcançava eu me redescobria, a Rita que chegou em 2011 é muito diferente da Rita de 2022. A Rita de 2022 é feliz com suas escolhas, certa de seus caminhos e se me permitem mais um ditado: "De grão em grão, a galinha enche o papo". Saí da condição de endividada, para investidora e tal qual ao meu Mestre, quero alcançar a minha independência financeira! "Antes tarde, do que nunca!", outro ditado que cabe a este depoimento.

Finalizando esse testemunho, agrego ainda, mais um ditado popular: "Não deixe para amanhã o que você pode fazer hoje". Ouse, permita-se, se jogue e corra, corra muito atrás dos seus sonhos! Sonhar é essencial para viver!

Rita Ramos

Graduada em Secretariado, mãe de gatos, assessora executiva e graduanda em Educação Financeira

"Comecei a esboçar esse breve relato para expor a você, amigo leitor, a transformação que a Educação Financeira promove na vida das pessoas e das famílias. Revisitei nas lembranças a minha história de vida e floresceu nos pensamentos alguns versos da música cantada pelo Belchior: "Eu sou apenas um rapaz latino-americano / Sem dinheiro no banco / Sem parentes importantes / E vindo do interior". E quantos outros milhões são como os versos desta música? Fiz a ponte com a minha biografia e já compreendendo que era somente mais um brasileiro, sem dinheiro no banco, sem parentes importantes e nascido em uma pequena cidade do interior paulista, coloquei-me a estudar.

A sorte bateu em minha porta e me deparei com a brilhante **Metodologia DSOP**. Daí, trilhei meu caminho percorrendo várias especializações e graduação na área; me tornei um entusiasta e praticante da referida metodologia.

Por fim, penso que até possa ter sido picado por um inseto do bem que cria na gente a vontade de mudar vidas, de ajudar as pessoas a traçar e conquistar sonhos e não serem apenas meros bonecos pagadores de boletos. Consagro o espaço para deixar registrado o meu fraterno abraço ao professor Reinaldo Domingos, o criador e difusor da **Metodologia DSOP.**

Marçal Rogério Rizzo

Doutor em Geografia, mestre em Desenvolvimento Econômico,
pós-graduado em Educação Financeira

“**A sociedade tem hoje um grande desafio: preparar os indivíduos para que façam suas escolhas de forma consciente** e se entendam como um ser capaz de transformar o ambiente, de maneira sustentável, para o bem de todos que nele habitam.

Neste contexto está a ciência Educação Financeira, que tem como premissa básica educar os indivíduos, para que tenham comportamentos de consumo consciente, sejam saudáveis financeiramente e caminhem para a independência financeira em sua longevidade.

A **Metodologia DSOP** de Educação Financeira, ao apresentar seus quatro pilares (Diagnosticar, Sonhar, Orçar e Poupar), mostra um novo jeito de cuidar dos recursos financeiros e não financeiros, para que todos que dela se apropriem, consigam realizar seus sonhos e propósitos de forma sustentável financeiramente.

A forma que encontramos de oportunizar aos nossos alunos o conhecimento do tema foi uma parceria firmada entre a Unoeste e a DSOP Educação Financeira, para implantação e certificação dos cursos de graduação e pós-graduação em Educação Financeira, pioneiros no Brasil, todos embasados na Metodologia DSOP.

José Eduardo Creste

Pró-reitor acadêmico da Unoeste

"Apenas pelo foco na Educação, a DSOP e todos os seus profissionais já mereceriam o nosso muito obrigado, mas eles vão além!

Eles incluíram os conceitos financeiros neste processo e estão criando uma verdadeira revolução na forma como devemos abordar o tema da Educação Financeira. Fundamentada muito mais no comportamento humano do que em aspectos matemáticos ou contábeis, essa revolução transcende as tradicionais análises de planilhas ou de balanços patrimoniais e se debruça em compreender o funcionamento da nossa mente e de como nos comportamos diante do dinheiro.

O modelo mental proposto visa à saúde financeira em todos os segmentos da nossa vida: pessoal, familiar, profissional e empresarial.

A *Florida Christian University* (FCU) está orgulhosa de fazer parte deste processo e passou a oferecer no portfólio dos seus cursos *stricto sensu*, o mestrado e o doutorado em *Business Administration in Financial Education.*

Assim, a FCU disponibilizou o ambiente propício para que os estudantes realizassem suas pesquisas em níveis acadêmicos mais profundos, permitindo que a comunidade científica validasse o que já estava sendo realizado na prática.

Muito nos honra a parceria FCU – DSOP e acreditamos que o melhor ainda está por vir.

Bruno Portigliatti

MBA, JD, Reitor da *Florida Christian University*

“Não importa quão complicada seja sua situação financeira, VOCÊ PODE virar o jogo!”

PhD Reinaldo Domingos

Números da Educação Financeira

Os números alcançados nesses últimos 15 anos construíram um grande Ecossistema da Educação Financeira, com abrangência em todas as fases da vida e vários segmentos.

Educacional – Ensino Básico

Escolas privadas

Foram implantados programas de Educação Financeira, em mais de **3 mil escolas**, impactando mais de **2 milhões de alunos.**

Escolas públicas

Dezenas de prefeituras e governos de diversos estados do Brasil receberam projetos e programas de educação financeira em suas escolas, beneficiando alunos e seus familiares.

O destaque nesta área foi a parceria com a Metlife e a Vila Sésamo, com projetos que tiveram a duração de mais de 7 anos, que possibilitaram diversas prefeituras, como a de São Paulo, Rio de Janeiro, Curitiba e Manaus, a implementarem esses conteúdos para crianças de 5 a 7 anos. Entre essas ações em **escolas públicas já foram mais de 2 milhões de famílias impactadas.** Capacitamos mais de **50 mil professores** para que esses programas (nas escolas pública e privada) fossem executados com êxito.

Formação acadêmica e profissional

Na academia, já foram **mais de 3 mil alunos nas formações acadêmicas** em variadas especialidades e em parceria com grandes instituições do Brasil e do Mundo, como a **UNOESTE** (Universidade do Oeste de São Paulo) e a **FCU** (Florida Christian University). Veja os cursos oferecidos:

- Curso Superior de Tecnologia em Educação Financeira
- Pós-Graduação *Master* em Educação Financeira

- Pós-Graduação em Educação Financeira com Neurociência para Docentes
- Pós-Graduação em Gestão Empreendedora e Educação Financeira
- Pós-Graduação em Gestão de Investimentos e Educação Financeira
- Pós-Graduação em Finanças Comportamentais
- Mestrado Internacional *In Business Administration in Financial Education*
- Doutorado Internacional *In Business Administration in Financial Education*

Além disso, foram capacitados mais de 5 mil profissionais para a Educação Financeira e desenvolveu-se um **modelo inovador de franquias**, contemplando o maior **Ecossistema da Educação Financeira** do mundo, que alcançou todas as regiões do Brasil e ampliando sua fronteira para outros países como Estados Unidos, Angola e Japão. São mais de **200 franquias da DSOP.**

Programas corporativos

Foram implementados programas de Educação Financeira, nas diversas corporações públicas, privadas e associações, alcançando mais de **centenas de empresas. Já são mais de 500 mil colaboradores e 4 milhões de associados impactados**, mostrando uma verdadeira corrente transformadora da sustentabilidade financeira. Para se ter uma ideia da grandeza desses programas, só em **Terapias Financeiras já foram mais de 100 mil horas de serviços prestados.**

Obras de Educação Financeira

São centenas de obras direcionadas aos mais variados públicos. Já são mais de **10 milhões de obras vendidas** (desenvolvimento pessoal, infantis, didáticas, paradidáticas e literaturas), tendo como grandes destaques o *best-seller* **Terapia Financeira** e a série **O Menino do Dinheiro**.

Sobre o autor

Reinaldo Domingos é PhD pela *Florida Christian University* com teses sobre Educação Financeira e Educação Empreendedora embasadas na **Metodologia DSOP**. Educador e terapeuta financeiro, é autor com mais de 5 milhões de livros vendidos sobre o tema Educação Financeira, que contemplam o *long-seller Terapia Financeira* e os livros *Por que Enfrentamos Crises e não Estamos Preparados?*; *Nome Sujo Pode ser a Solução – Quem não Tem Dívida, que Atire a Primeira Pedra*; *Empreender Vitorioso com Sonhos e Lucro em Primeiro Lugar*; *Mesada não é só Dinheiro*; *Livre-se das Dívidas; Eu Mereço Ter Dinheiro*; *Papo Empreendedor; Sabedoria Financeira*; *Ter Dinheiro Não Tem Segredo*; *Coleção Dinheiro sem Segredo* (12 volumes) e *ABCD da Educação Financeira*. Publicou as *Apostilas Educação Financeira para Jovens Aprendizes*; *Curso DSOP de Educação Financeira e Educação Financeira para Empreendedores*; *Apontamento de Despesas*; *Apontamento de Despesas do Empreendedor* e *Apontamento Financeiro*. Nos segmentos infantil e infantojuvenil, escreveu as obras da Coleção Turma do Nico: *O Mistério da Praça Diamante*; *O Enigma da Ladeira Prateada*; *O*

Segredo da Vila Esmeralda; *A Charada da Escola Rubi*; *O Sumiço na Biblioteca Safira*; *O Colecionador de Sonhos*; *A Semente dos Sonhos*; *A Menina do Rio* e *Diário dos Sonhos*. Publicou, também, uma coleção (4 volumes) com os personagens da Turma da Mônica: *Como Cães e Gatos* e *Visita à Fazendinha*; e da Turma da Mônica Jovem: *O Sumiço do Cebola* e *Sem Sonhos*. Em parceria com Dentro da História, publicou *Uma Aventura Espacial*. É autor, ainda, das séries *O Menino do Dinheiro* (6 volumes) e *O Menino e o Dinheiro* (3 volumes); *O Menino do Dinheiro em Cordel* (PNLD 2018). No segmento internacional, publicou as obras *School Camp*; *The Garden*; *Journal of Dreams* e as séries *Money Boy*; *The Boy and the Money* e *Explorer*. É autor de duas Coleções Didáticas de Educação Financeira (15 volumes do aluno e 15 volumes do professor).

É também autor da Coleção dos Sonhos para Educação Financeira com Neurociência, que contempla quatro livros para o Ensino Infantil; seis livros para o Ensino Fundamental 1 (para o primeiro ano há uma versão para a criança alfabetizada e outra para a criança que está em fase de alfabetização); e quatro livros para o Ensino Fundamental 2, além de um livro do professor para cada ano. Essas coleções são acompanhadas por um *kit* para a Família (*Caderno da Família* e *Risque e Rabisque da Família*). É coautor de *Juventude Plural – Projeto de Vida*, obra de volume único, voltada para estudantes do Ensino Médio (PNLD 2021). É idealizador do Projeto *Meu Primeiro Livro* pela Abefin, no qual organizou os livros *Independência Financeira ao Alcance das Mãos* (2018), *Trabalhadores não Precisam Ser Pobres* (2019) e *Você: o Investimento com Retorno Garantido* (2021).

Em 2008, criou o primeiro programa de Educação Financeira para empresas, o primeiro curso de Formação de Educadores

Financeiros e idealizou a primeira Coleção Didática de Educação Financeira para o Ensino Básico do país, já adotada por diversas escolas privadas e públicas. Em 2009, criou o primeiro curso de pós-graduação em Educação Financeira – **Metodologia DSOP**. Em 2012, criou o primeiro programa de Educação Financeira para jovens aprendizes e, em 2013, ampliou para Educação de Jovens e Adultos (EJA). Em 2014, criou o primeiro curso de Educação Financeira para empreendedores. No mesmo ano, iniciou o curso de pós-graduação EAD em Educação Financeira – **Metodologia DSOP**. Em 2016, criou mais três especialidades de pós-graduação (Neurociência para Docentes, Terapia Financeira e Empreender com Lucro em Primeiro Lugar), além de idealizar o programa CLIL, que tem como objetivo conceder o protagonismo tanto à aquisição do idioma quanto à conscientização financeira vivencial dos alunos. Em 2017, iniciou a formação de terapeutas financeiros e idealizou a primeira turma *stricto sensu* do Mestrado em Educação Financeira. Em 2018, iniciou a formação de Empreendedores Educacionais, além da primeira turma de Doutorado em Educação Financeira. Em 2019, criou e lançou a primeira Franquia de Profissionais da Educação Financeira, por meio de Plataforma Digital.

Já em 2020, validou pelo MEC seus diplomas americanos de mestrado e doutorado em Educação Financeira e, ainda, lançou a pós-graduação em Gestão de Investimentos e Educação Financeira.

Em 2021, sua obra *Juventude Plural – Projeto de Vida* foi aprovada no PNLD 2021 e lançou a primeira graduação em Educação Financeira. Além disso, os artigos sobre dois dos seus *best-sellers*, *Empreender Vitorioso* e *Terapia Financeira*, foram publicados na revista científica Recima21. Desenvolveu e protocolou o projeto de lei na Câmara dos Deputados para regulamentar as atividades do profissional da educação financeira, assim como a criação dos Conselhos Federal e Estadual.

E, em 2022, por meio da ABEFIN propôs junto a Organização para a Cooperação e Desenvolvimento Econômico (OCDE), a atualização do conceito da educação financeira, por entender que trata-se de uma ciência humana que lida com o comportamento e hábitos. Bem como lançou a plataforma de *streaming* DFLIX que visa popularizar a Educação Financeira no mundo, com conteúdos em 3 idiomas e Libras.

Bacharel em Ciências Contábeis, pós-graduado em Análise de Sistemas, mestre (com a tese sobre o livro *Mesada não é só Dinheiro*), doutor (com a tese sobre a Coleção dos Sonhos) em Ciência de Administração e Negócios e pós-doutorado (com a tese sobre o livro *Empreender Vitorioso com Sonhos e Lucro em Primeiro Lugar*), Reinaldo fundou a Confirp Contabilidade e foi governador do Rotary International Distrito 4610, na gestão 2009-2010.

Atualmente é presidente do Grupo DSOP. É idealizador, fundador e presidente da Associação Brasileira de Profissionais de Educação Financeira – ABEFIN. Idealizou, também, o primeiro curso de pós-graduação em Educação Financeira (presencial e *on-line*) no Brasil e o primeiro programa de Mestrado e Doutorado em Educação Financeira no Mundo. Reinaldo é mentor da **Metodologia DSOP**, que embasa todos os programas de Educação Financeira. Em seu canal no Youtube, Dinheiro à Vista, e em seu *podcast* no Spotify, Realizando Sonhos, fala, semanalmente, sobre Educação Financeira.